beck ^lsche
reihe

b^{sr}

Norbert Hoerster behandelt die zentralen Problemfelder staatlicher wie sozialer Gerechtigkeit: Erstens, welche unverzichtbaren Grundrechte jedem Individuum zugesprochen werden müssen. Zweitens – in Auseinandersetzung mit der berühmten Gerechtigkeitstheorie von John Rawls –, ob die natürlichen und sozialen Unterschiede zwischen den Individuen irgendwie auszugleichen sind. Drittens, nach welchen Kriterien das Privateigentum an Naturgütern – insbesondere an Grund und Boden – erworben und übertragen werden sollte. Und viertens, welche Projekte der Staat mit Steuergeldern finanzieren darf und nach welchem Prinzip er die Steuern auf die Bürger zu verteilen hat.

Norbert Hoerster, geb. 1937, lehrte von 1974 bis 1998 als Professor Rechts- und Sozialphilosophie an der Universität Mainz. Bei C.H.Beck hat er veröffentlicht: *Haben Tiere eine Würde?* (2004); *Die Frage nach Gott* (³2010); *Was ist Recht?* (²2012); *Was können wir wissen?* (2010) und *Muss Strafe sein?* (2012).

Norbert Hoerster

Was ist eine gerechte Gesellschaft?

Eine philosophische Grundlegung

.

Verlag C.H.Beck

Originalausgabe
© Verlag C.H.Beck oHG, München 2013
Satz, Druck u. Bindung: Druckerei C.H.Beck, Nördlingen
Umschlagentwurf: malsyteufel, willich
Printed in Germany
ISBN 978 3 406 65293 6

www.beck.de

Inhalt

Einleitung

Wenn in der Politik und in den Medien gegenwärtig von einer gerechten Gesellschaft die Rede ist, erscheinen gewöhnlich auf der einen Seite die sogenannten Sozialisten mit ihren Forderungen nach «mehr Gleichheit» und «mehr Staat» und auf der anderen Seite die sogenannten Liberalen mit ihrer Ablehnung dieser Forderungen. Und auch die meisten Philosophen, die sich mit der Frage nach der sozialen Gerechtigkeit befassen, lassen sich einer der beiden Richtungen zuordnen.

Ich möchte in diesem Buch die soziale Gerechtigkeit unter philosophischem Aspekt differenzierter betrachten und die beiden genannten Fragenbereiche – «wieviel Gleichheit?» und «wieviel Staat?» – weitgehend voneinander trennen. Zwar würde die Forderung nach «mehr Gleichheit» sich ohne staatliche Maßnahmen kaum realisieren lassen. Das heißt aber nicht, dass die soziale Angleichung innerhalb der Gesellschaft in der Weise erfolgen müsste, dass der Staat alle möglichen Projekte wie Vergnügungsparks und Konzerthäuser in die eigene Hand nimmt. Warum können solche Einrichtungen nicht privat organisiert werden? Warum muss jeder Bürger die Möglichkeit haben, mit staatlicher Finanzierung sich in einem Park zu vergnügen oder Musik zu genießen?

Viele Bürger sind doch offenbar gar nicht interessiert, solche Angebote anzunehmen. Und was jene Bürger betrifft, die daran interessiert sind: Könnten die «Reichen» unter ihnen die Wahrnehmung dieser Interessen nicht selbst finanzieren? Ja, könnten nicht auch die «Armen» unter ihnen die Wahrnehmung dieser Interessen selbst finanzieren, falls der Staat sie auf dem Weg zu «mehr Gleichheit» zulasten der «Reichen» steuerlich entlasten bzw. finanziell unterstützen würde? Warum sollte in einer Gesellschaft, die gerechterweise *weder* «Armut» *noch* «extremen Reichtum» kennt, nicht jeder Bürger selbst entscheiden dürfen, wofür er sein Geld ausgeben will? Nach dieser Sichtweise einer gerechten Gesellschaft, für die ich im Folgenden plädiere, kann die politische Konsequenz für den gegenwärtigen deutschen Staat in wesentlicher Hinsicht nur lauten: «Mehr Gleichheit und weniger Staat».

So viel als Vorbemerkung. Nun zu den einzelnen Fragestellungen des Buches. Zunächst einmal: Was ist überhaupt eine gerechte Gesellschaft? Eine gerechte Gesellschaft ist per definitionem eine Gesellschaft, in der das Zusammenleben der Menschen bzw. Bürger gerecht geregelt ist. Und da das Zusammenleben der Menschen in den zentralen Fragen vom Staat geregelt wird, ist eine Gesellschaft vor allem dann gerecht, wenn die in ihr geltenden staatlichen Normen als gerecht zu betrachten sind.

Wenn in diesem Buch von gerechten Normen die Rede ist, sind deshalb in erster Linie solche Normen gemeint, deren Erlaß und Durchsetzung in den Aufgabenbereich des Staates fällt. Ich setze insofern voraus, dass es hinreichende Gründe dafür gibt, dass die Gesellschaft auf eine staatliche Ordnung, einen Staat angewiesen ist, um die begründeten Forderungen der Gerechtigkeit umzusetzen. Ausdrücklich behandelt wird diese Voraussetzung aber erst in Kapitel V; denn die Legitimität des Staates hängt nach meiner Überzeugung davon ab, welche begründeten Gerechtigkeitsforderungen es überhaupt gibt, deren Umsetzung der Existenz des Staates bedarf. Wie lauten also die wichtigsten Forderungen oder Normen der Gerechtigkeit?

In Kapitel I soll untersucht werden, unter welchen generellen *Bedingungen* wir eine Norm als «gerecht» – bzw. als «ungerecht» – bezeichnen würden. Zu diesem Zweck ist zunächst die Bedeutung des Wortes «gerecht» zu klären und dann zu überlegen, wie sich unsere Urteile in den beiden zentralen Bereichen

der Gerechtigkeit – der «Grundgerechtigkeit» und der «Verteilungsgerechtigkeit» – überzeugend begründen lassen. Ein Begriff, der mit dem Begriff der Gerechtigkeit nach verbreiteter
Meinung eng verbunden ist, ist der Begriff der Gleichheit. Laufen
Gerechtigkeit und Gleichheit etwa auf dasselbe hinaus?

In Kapitel II soll gezeigt werden, dass sich gewisse Grundrechte, die allen Individuen der Gesellschaft gleicherweise zustehen, intersubjektiv begründen lassen. Zu diesen Grundrechten
gehören neben den unverzichtbaren Abwehrrechten wie dem
Recht auf Leben auch bestimmte Anspruchsrechte. Gemeint ist
ein Anspruchsrecht sowohl der Bedürftigen auf die lebensnotwendigen Grundgüter als auch der Heranwachsenden auf eine
gewisse Ausbildung. Nicht begründbar erscheint dagegen ein
Anspruchsrecht auf eine umfassende Chancengleichheit.

Kapitel III behandelt die Forderung nach Gleichstellung, wonach alle unverdienten Ungleichheiten in der Gesellschaft prinzipiell auszugleichen sind. Im Zentrum steht John Rawls' berühmte Vertragstheorie der Gerechtigkeit. Das Besondere an dieser Theorie ist sowohl die Form ihrer Begründung als auch ihr
weitgehend egalitäres Ergebnis. So plausibel die Rawls'sche Theorie vielen Lesern auf den ersten Blick auch erscheinen mag: Bei
sorgfältiger Betrachtung ist sie in jeder der beiden Hinsichten
schwerwiegenden Einwänden ausgesetzt.

In Kapitel IV geht es speziell um das Grundrecht des Eigentums. Es soll gezeigt werden, dass dieses Recht weit weniger
selbstverständlich ist als etwa das Recht auf Leben. Das liegt nicht
zuletzt daran, dass die meisten Güter, die Gegenstand des Eigentums sein können, von Natur aus begrenzt und deshalb zwischen-
menschlicher Konkurrenz ausgesetzt sind. Dies gilt vor allem für
Grund und Boden. Insofern ist es, was oft übersehen wird, eine
zentrale Forderung der Gerechtigkeit, sowohl für die Entstehung
als auch für den Übergang des Eigentums an Grund und Boden
begründbare Normen zu finden.

In Kapitel V geht es um die Aufgaben eines gerechten Staates. Nicht nur die Grundrechte der Bürger, für die im Vorangegangenen argumentiert wird, sind ohne den Staat kaum realisierbar; auch das Wohl der Bürger in einem weiteren Sinn des Wortes ist auf den Staat angewiesen. Das heißt freilich nicht, dass der Staat berechtigt sein kann, *beliebige* Projekte mit den Steuerzahlungen der Bürger zu finanzieren. Es gilt deshalb, die Befugnisse des Staates an ein festes Kriterium zu binden. Und es gilt ebenso, nach einem Kriterium für eine gerechte Steuerverteilung zu suchen.

Nicht behandelt wird in diesem Buch die Frage nach der legitimen *Form* eines gerechten Staates, deren Beantwortung eine eigene Abhandlung erfordern würde. Allzu häufig werden in unserer Gesellschaft die Fragen nach den Aufgaben («Was soll und was darf ein gerechter Staat tun?») und der Form des Staates («Wer soll die Staatsherrschaft ausüben?») unter denselben Begriff, den Begriff «Demokratie» gebracht. Die eigentliche Demokratie als Volkssouveränität aber beantwortet allein letztere Frage, die hier nicht behandelt wird.

Nicht jeder gerechte Staat in Bezug auf die Wahrnehmung seiner Aufgaben ist notwendig eine Demokratie, und nicht jede Demokratie nimmt ihre Aufgaben in gerechter Weise wahr. Dass die Demokratie gleichwohl, realistisch betrachtet, für den gerechten Staat die besten Voraussetzungen bietet, ist zwar möglich, aber begründungsbedürftig. Auch als überzeugter Demokrat sollte man sich fragen: Was ist für den Bürger im Zweifel von größerer Wichtigkeit, *wer* den Staat regiert oder *was* der Staat tut?

Ebenfalls unbehandelt bleibt in diesem Buch die Frage nach der *globalen* Gerechtigkeit, also die Frage, wie die Bürger der verschiedenen Staaten bzw. diese Staaten selbst gerechterweise miteinander umgehen sollten. Rein philosophisch betrachtet, ist diese Frage kaum anders zu beantworten als die Frage nach der gerechten Gesellschaft bzw. der Gerechtigkeit im Rahmen des Staates. Es ist nicht einzusehen, warum für den Umgang zwischen den Staaten auf einer gemeinsamen Erde prinzipiell andere Regeln gelten sollten als für den Umgang zwischen den Individuen in einer gemeinsamen Gesellschaft.

Dass sich trotzdem viele Fragen der globalen Gerechtigkeit derzeit kaum eindeutig beantworten lassen, hat vor allem den folgenden Grund: Wir leben zwar in einer Zeit immer enger werdender politischer und wirtschaftlicher Beziehungen zwischen den verschiedenen Gesellschaften dieser Erde, befinden uns also in mancher Hinsicht auf dem Weg in Richtung einer Weltgesellschaft. Gleichzeitig sind wir jedoch von einem Weltstaat noch weit entfernt. Ein besonderes Problem stellt dabei die Tatsache dar, dass die Machtunterschiede zwischen den Staaten zur Zeit ungleich größer sind als die Machtunterschiede zwischen den Individuen in einem vorstaatlichen Naturzustand. Die mächtigsten Staaten wollen deshalb ihre Dominanz nicht aufgeben. Nach alledem stellt sich die Frage nach der *globalen* Gerechtigkeit vor allem als eine Frage nach der gegenwärtig aus pragmatischer Sicht realisierbaren *Umsetzung* der aus philosophischer Sicht begründeten Gerechtigkeitsnormen.

Nicht eigens behandelt wird in diesem Buch auch die Problematik der sogenannten Generationengerechtigkeit, also die Frage, inwieweit der Staat bei seinen politischen Entscheidungen die Rechte und Interessen künftiger Generationen zu berücksichtigen hat. Allerdings besitzt das in Kapitel IV behandelte Eigentumsthema für die Generationengerechtigkeit, wie sich zeigen wird, eine beträchtliche Relevanz.

Zu Fragen der Gerechtigkeit gibt es eine große Vielzahl von Büchern und Aufsätzen. Ich werde nur auf wenige klassische Schriften ausdrücklich Bezug nehmen. Stattdessen werde ich versuchen, die zentralen Fragen nach der gerechten Gesellschaft in kritischer Auseinandersetzung mit den wichtigsten der in Betracht kommenden Positionen knapp und leicht verständlich zu erörtern. Für wertvolle Kritik danke ich Herrn Dr. Heiner Michel und meinem Freund Lothar Fritze.

I
Die Idee der Gerechtigkeit

Das Wort «gerecht» – bzw. das Wort «ungerecht» – bezieht sich vor allem auf menschliches Verhalten, und zwar auf menschliches Verhalten in Bezug auf andere Menschen. Man kann andere Menschen offenbar bei einer Vielzahl von Gelegenheiten entweder gerecht oder ungerecht behandeln. Doch nicht nur einzelne Handlungen können gerecht oder ungerecht sein. Nicht selten beruhen menschliche Handlungen ja auf sozialen Regeln oder Normen wie vom Staat erlassenen Gesetzen. Oder sie beruhen auf normenübergreifenden Prinzipien bzw. Institutionen, die von Normen bestimmt sind. Ich werde deshalb das Thema der Gerechtigkeit weitgehend mit dem Begriff der Norm oder dem Begriff des normenübergreifenden Prinzips verbinden.

Schon die betreffenden Normen als solche können natürlich in hohem Maße gerecht oder ungerecht sein und damit auch die ihnen gemäßen Handlungen zu gerechten bzw. ungerechten Handlungen machen. So würde heute wohl jeder die Normen bzw. die Institution der Sklaverei mit all ihren Konsequenzen als fundamental ungerecht ansehen.

Eine gerechte Gesellschaft ist nach alledem eine Gesellschaft, in der gerechte Normen Geltung haben und damit in der Regel auch zu gerechten Handlungen und zu einem gerechten Umgang der Bürger miteinander führen. Dabei ist zu bedenken, dass die Normen, soweit der Staat für sie zuständig ist, die Form von Gesetzen annehmen (siehe S. 8). Die Gerechtigkeit innerhalb kleinerer sozialer Einheiten (wie der Familie) liegt insofern auf einer anderen Ebene.

In diesem Buch geht es also um die Frage: Was sind gerechte Normen für das staatlich zu regelnde menschliche Zusammenleben? Was sind gerechte staatliche Gesetze? Ist zum Beispiel eine Verfassungsnorm, die jedem Menschen das Recht auf körperliche Unversehrtheit einräumt, eine gerechte Norm? Ist eine Rechtsnorm, die nur Männer zum Wehrdienst verpflichtet, eine gerechte Norm? Und ist ein Gesetz, das die Bürger in progressiver Weise besteuert, eine gerechte Norm? Es ist offenkundig, dass solche Fragen nicht Fragen einer empirischen oder wissenschaftlichen Erkenntnis, sondern Fragen einer normativen, nämlich moralischen Bewertung sind: Eine Norm, die wir als gerecht bezeichnen, ist eine Norm, die wir für moralisch wünschenswert halten, von der wir unter moralischem Aspekt wünschen, dass sie bereits Geltung besitzt oder in Zukunft besitzen wird.

Das Wort «gerecht» kann in verschiedenen Zusammenhängen verwendet werden. Nur kurz eingehen möchte ich auf eine formale Bedeutung, die innerhalb unserer Thematik weiter keine Rolle spielen wird. Diese Bedeutung besagt, dass jede *Anwendung* einer Geltung besitzenden Norm, um gerecht zu sein, *unparteiisch*, das heißt allein unter Berücksichtigung der Norm selbst, erfolgen muss.

Gerecht in diesem Sinn war etwa im «Dritten Reich» sowohl das Urteil, das einen beliebigen Dieb, als auch das Urteil, das einen beliebigen Mann «deutschen Blutes», der mit einer Jüdin außerehelichen Geschlechtsverkehr hatte, mit Gefängnis bestrafte. Im ersten Fall hatte der Richter gerechterweise das (damals wie heute geltende) Diebstahlsverbot und im zweiten Fall das (damals geltende) Verbot der «Rassenschande» unparteiisch anzuwenden. Generell gilt: Auf die eigentliche, die *materiale* oder inhaltliche Gerechtigkeit der Norm selbst, um deren Anwendung es geht, kommt es für die Beurteilung der *formalen* Gerechtigkeit der einzelnen die Norm anwendenden Handlung – wie die des richterlichen Urteils – nicht an.

Interessant ist in diesem Zusammenhang trotzdem die Frage, ob der jeweilige Normanwender nicht unter Umständen moralisch legitimiert ist, im Fall einer seines Erachtens material grob ungerechten Norm gegen die formale Gerechtigkeit zu verstoßen. Diese Frage ist nicht leicht zu beantworten. Denn – um das obige Beispiel wiederaufzunehmen – ein Richter im «Dritten Reich», der A, einen Mann «deutschen Blutes», in dem genannten Fall *nicht* bestraft, indem er etwa die ihm bekannte jüdische Abstammung von dessen Partnerin einfach verneint, lügt nicht nur. Sein Urteil führt außerdem auch dazu, dass A nun zwar im materialen Sinn gerecht behandelt wird, dass er andererseits aber im Vergleich zu all jenen Männern «deutschen Blutes», die wie er mit jüdischen Frauen sexuelle Kontakte haben und deshalb tatsächlich von rechtstreuen Richtern verurteilt werden, auch bevorteilt wird. Ist ein solches Urteil trotzdem legitim? Sollte eventuell auch ein Finanzbeamter die Normen eines neuen Steuergesetzes, das er für eklatant ungerecht hält, bei der Steuerveranlagung jener Bürger, für die er zuständig ist, übergehen?

Unser Thema ist, wie gesagt, allein die materiale Gerechtigkeit, die Gerechtigkeit von Normen selbst – und damit mittelbar natürlich auch die materiale Gerechtigkeit all jener Handlungen, die mit der Anwendung bzw. Befolgung dieser Normen verbunden ist. Unser Thema ist dagegen nicht die formale Gerechtigkeit der einzelnen Normanwendung. Was also meinen wir, wenn wir eine Norm oder eine normative Institution als gerecht oder als ungerecht bezeichnen?

Wie ich schon ausführte, enthält das Urteil, wonach eine Norm gerecht ist, stets eine moralische Bewertung. Das ist jedenfalls dann der Fall, wenn wir nicht einfach beschreiben, welche Normen in einer bestimmten Gesellschaft oder gemäß einer bestimmten Gerechtigkeitslehre von *anderen* Menschen als gerecht beurteilt werden, sondern wenn wir *selber* bestimmte Normen als gerecht beurteilen. Und Letzteres tun wir insbesondere immer dann, wenn wir uns in *philosophischer* Absicht Gedanken über die Gerechtigkeit machen.

Aus dem Gesagten darf man allerdings nicht den Schluss ziehen, dass die moralische Bewertung jeder beliebigen Norm bereits ein Gerechtigkeitsurteil beinhaltet. Wer etwa die Auffassung vertritt, eine Verhaltensweise wie Tierquälerei sei verbotswürdig, würde die entsprechende Norm, die er damit befürwortet, wohl kaum als eine Forderung der Gerechtigkeit bezeichnen.

Eine von dem üblichen Verständnis von Gerechtigkeit ausgehende, genaue Grenzziehung zwischen Normen der Gerechtigkeit und sonstigen moralischen Normen ist jedoch kaum möglich; dafür ist das übliche Verständnis zu unbestimmt. In diesem Buch werde ich als Forderungen oder Normen der Gerechtigkeit in allererster Linie solche Forderungen behandeln, die sich einer der beiden folgenden Kategorien zuordnen lassen.

1. Es handelt sich um fundamentale Forderungen, die für Leben und Wohlergehen aller oder jedenfalls zahlreicher Bürger von zentraler Bedeutung sind. Ich bezeichne diese Normen im Folgenden als Normen der «Grundgerechtigkeit».

2. Es handelt sich um fundamentale Forderungen, die Wohlstand oder Lebensqualität einer Gruppe der Gesellschaft in *Relation* zum Wohlstand einer anderen Gruppe der Gesellschaft betreffen und die Herstellung einer gewissen Annäherung des Wohlstands beider Gruppen – möglicherweise bis hin zu seiner vollkommenen Gleichheit – beinhalten. Ich bezeichne diese Normen im Folgenden als Normen der «Verteilungsgerechtigkeit». Nicht selten werden sie auch unter dem in einem engen Sinn des Wortes verstandenen Begriff der «sozialen Gerechtigkeit» zusammengefasst.

Zwar könnte man meinen, dass der Staat, der für die Umsetzung dieser Gerechtigkeit zuständig ist, oft gar keine «Verteilung» im wörtlichen Sinn vornimmt, wenn er eine Klasse der Gesellschaft einer anderen angleicht, sondern dass es sich hier eher um eine

«Zuteilung» von Gütern handelt. Man muss in diesem Zusammenhang jedoch bedenken, dass der Staat ja über keine eigenen Mittel verfügt, sondern das, was er einigen Bürgern gibt, gleichzeitig anderen Bürgern nimmt. Das heißt, jede Zuteilung zum Zweck der Angleichung ist eben auch eine Form der Verteilung.

Als Beispiele der ersten Kategorie, der Kategorie der «Grundgerechtigkeit», denke ich etwa an die jedem Bürger zugesprochenen Grundrechte wie das Recht auf Leben oder an das den Arbeitslosen gewährte Recht auf Grundversorgung. Ich glaube, dass die allermeisten Bürger derartige Forderungen durchaus als Forderungen der «Gerechtigkeit» bezeichnen würden.

Als Beispiel der zweiten Kategorie, der Kategorie der «Verteilungsgerechtigkeit», kommt mir etwa die Forderung nach einer bestimmten Verteilung von Naturgütern (wie Grund und Boden) in den Sinn. Denn hier geht es ja darum, dass nicht eine Gruppe von Menschen *im Vergleich* zu einer anderen Gruppe von Menschen unangemessen benachteiligt bzw. bevorteilt wird. Außerdem gehört in diese zweite Kategorie eine Vielzahl von erhobenen Forderungen nach einer gewissen *Gleichstellung* jener Bürger, die infolge natürlicher oder sozialer Faktoren schlechtere Ausgangsbedingungen in der Gesellschaft haben.

Nicht näher behandeln werde ich in diesem Buch Normen der «ausgleichenden» oder «korrektiven Gerechtigkeit». Unter diese Kategorie fallen Forderungen nach Schadenersatz und möglicherweise auch Forderungen nach Strafe. Was die erstgenannten Forderungen angeht, so sind sie jedenfalls im Kern ebenso selbstverständlich wie unstreitig: Wer einen Mitbürger etwa bestiehlt, muss den Schaden natürlich wiedergutmachen oder ausgleichen. Denn so wird der Bestohlene wieder, soweit möglich, in seine Lage vor dem Diebstahl versetzt. Was zum anderen die Forderungen nach Strafe angeht, so habe ich diese an anderer Stelle ausführlich behandelt. (Siehe N. Hoerster, Muss Strafe sein?, München 2012.) Während die «Verteilungsgerechtigkeit», wie oben von mir definiert, das vergleichsweise Wohl verschiedener Menschen bzw. Menschengruppen betrifft, geht es bei der «ausgleichenden Gerechtigkeit» nach gewöhnlichem Sprachgebrauch um die Korrektur einer vergangenen Übeltat.

Um nicht missverstanden zu werden: Die von mir für die «Grundgerechtigkeit» sowie für die «Verteilungsgerechtigkeit» oben angeführten Beispiele sollen nicht etwa besagen, dass die betreffenden Normen als gerechte Normen wohlbegründet sind. Sie sollen lediglich demonstrieren, dass diese Normen oder Forderungen, sofern geltend gemacht, jedenfalls in den *Bereich* der Gerechtigkeit fallen und insofern zutreffend als vertretene Normen oder Forderungen der Gerechtigkeit bezeichnet werden können. Ob die von jemandem vertretenen Normen der Gerechtigkeit dann auch als *begründet* gelten können, ist eine weitere Frage. Diese Frage steht im Zentrum der folgenden Kapitel.

Eine gerechte Gesellschaft ist, so gesehen, also eine Gesellschaft, in der insbesondere die folgenden Normen Geltung besitzen: 1. die für das Wohl aller oder jedenfalls zahlreicher Bürger unverzichtbaren Normen der «Grundgerechtigkeit», 2. die das relative Wohl der verschiedenen Gruppen der Bürger betreffenden Normen der «Verteilungsgerechtigkeit» und 3. die notwendigen rechtlichen Institutionen zur wirksamen Umsetzung der begründeten Gerechtigkeitsnormen.

I

Die Form der Begründung

Es ist von größter Wichtigkeit zu sehen, *warum* jene Normen der Gerechtigkeit, die jemand gutheißt und vertritt, unbedingt einer Begründung bedürfen. Man bedenke Folgendes: Gerechtigkeitsnormen stellen Forderungen auf, die sich ihrem Wesen nach nicht bloß von einem Individuum an ein anderes Individuum, sondern aus der Mitte einer ganzen Gesellschaft an eine Vielzahl von Indi-

viduen richten. Falls solche Normen Geltung im Sinne von allgemeiner Zustimmung erlangen, sind sie, was ihre Befolgung durch
ihre Adressaten angeht, stets mit der Androhung erheblicher
sozialer Sanktionen verbunden. Und dies trifft in einer ganz besonderen und verstärkten Weise dann zu, wenn es sich, womit
generell zu rechnen ist, bei den betreffenden Normen nicht nur
um Moralnormen, sondern außerdem um vom Staat zu erlas-
sende Rechtsnormen oder Gesetze handelt. Machen wir uns
etwas näher klar, was das für jedes einzelne Individuum in der
Gesellschaft bedeutet.

Betrachten wir zunächst mögliche Normen der «Grundgerechtigkeit» wie die oben genannten. Solche Normen, wie etwa
die der sogenannten Grundrechte unserer Verfassung, sind für
den einzelnen Bürger nicht nur von Vorteil. Sie schränken seine
Freiheit auch erheblich ein. Sie führen nämlich insbesondere zu
schwerwiegenden Unterlassungspflichten jedes Bürgers. So führen sie etwa dazu, dass ich als Bürger keine Tötungen, Körper-
verletzungen oder Freiheitsberaubungen meinen Mitbürgern gegenüber begehen darf und dass ich, wenn ich gegen dieses Verbot
verstoße, mit schwersten Strafen rechnen muss. Ich will nun zwar
nicht behaupten, dass sich derartige staatliche Verbotsnormen
nicht begründen lassen. (Wir werden uns insbesondere in Kapitel II mit der Begründung der betreffenden Normen zu befassen
haben.) Ich behaupte jedoch, dass angesichts der im Fall des
Normverstoßes drohenden schwerwiegenden Sanktionen das
Gelingen einer Begründung in der Tat unverzichtbar ist.

Wie steht es andererseits um mögliche Normen der «Verteilungsgerechtigkeit» wie die oben genannten? Auch diese Normen haben unter Umständen für den einzelnen Bürger erhebliche
negative Konsequenzen, die mit staatlichen Strafsanktionen verbunden sein können. So muss zum Beispiel der Reiche, sofern
die progressive Steuer als gerecht betrachtet wird und Geltung
erlangt, einen besonders großen Teil seines Einkommens an den

Staat abgeben. Außerdem fallen in diesen Bereich sämtliche Fragen nach dem Ausmaß einer gewissen Gleichstellung der Bürger, die in verschiedenen Kapiteln des Buches eine Rolle spielen. Auch diese Fragen machen also deutlich, dass eine überzeugende Begründung der jeweiligen Gerechtigkeitsnormen, die man für richtig und für staatlich sanktionswürdig hält, unverzichtbar ist.

Ein besonderes Begründungsproblem, das häufig übersehen wird, stellt darüber hinaus die in Kapitel V behandelte Frage dar, inwieweit dem Staat das Recht zusteht, auch für *zusätzliche* Projekte – gemeint sind Projekte, die sich weder durch Forderungen der «Grundgerechtigkeit» noch durch Forderungen der «Verteilungsgerechtigkeit» begründen lassen wie etwa der Bau von Straßen oder von Museen – Geld auszugeben. Ein Problem ist dies deshalb, weil ja jenes Geld, das der Staat für irgendetwas ausgibt, letztlich den Bürgern in Form von Steuern genommen wird. Indirekt haben wir es hier also ebenfalls mit einer Frage der «Grundgerechtigkeit» insofern zu tun, als es um die legitimen Kompetenzen des Staates vor dem Hintergrund der Grundrechte, insbesondere des Eigentumsrechts der Bürger geht.

Eine Begründung für die von uns vertretenen Gerechtigkeitsnormen ist nach alledem unverzichtbar. Wie könnte eine solche Begründung aussehen? Logisch denkbar wäre gewiss eine Begründung, die in einer besonderen Form normativer Erkenntnis besteht. Eine solche Begründung würde jedoch voraussetzen, dass uns die gesuchten Normen der Gerechtigkeit als objektiv existent vorgegeben sind und insofern prinzipiell Gegenstand unserer Erkenntnis sein können. Tatsächlich vorgegeben sind uns aber nur jene Normen, die in einer bestimmten Gesellschaft faktisch soziale bzw. rechtliche Geltung besitzen. So ist den Bürgern in manchen Staaten zum Beispiel die Norm vorgegeben, dass sie sich nicht homosexuell betätigen dürfen. Und diese Tatsache ist natürlich im Prinzip auch Gegenstand unserer Erkenntnis.

In welcher Realität aber sollten Normen der Gerechtigkeit angesiedelt sein, die in einem ganz besonderen, außerempirischen Sinn der ganzen Menschheit vorgegeben und im Prinzip auch jedem einzelnen Menschen erkennbar sind? Realistisch betrachtet sind Normen menschliche Erfindungen bzw. Instrumente zur Erreichung bestimmter Ziele. Das heißt nicht, dass Normen deshalb unbegründbar oder gar willkürlich sein müssen. Es heißt lediglich, dass die Begründung jedenfalls nicht auf dem Wege reiner Wissenserlangung oder Erkenntnis erfolgen kann – in einer irgendwie vergleichbaren Weise, wie wir Erkenntnis etwa über die Gegenstände der Außenwelt erlangen können.

Es ist deshalb kein gutes Argument, einfach zu behaupten: «Ich weiß intuitiv, dass das Recht auf Meinungsfreiheit oder das Wahlrecht von Frauen Inhalt einer gerechten Norm ist. Wenn jemand diese Normen nicht als gerecht akzeptiert, so zeigt das nur, dass er entweder moralisch blind ist oder dass er aus Bosheit nicht eingestehen will, was er in Wahrheit durchaus erkennt.»

Damit soll nicht gesagt sein, dass jegliche Form von Erkenntnis für die Gerechtigkeitsnormen, die wir vertreten, *irrelevant* ist. Im Gegenteil: Unsere Erkenntnis – und zwar unsere empirische Erkenntnis – geht, sofern wir rational vorgehen, zweifellos in viele unserer Gerechtigkeitsurteile – der Gerechtigkeitsnormen, die wir vertreten – mit ein. So geht etwa in unser Urteil, dass Frauen ebenso wie Männern das Wahlrecht zusteht, das Wissen ein, dass Frauen ebenso wie Männer über Intelligenz verfügen und verantwortliche Entscheidungen treffen können. Trotzdem folgt ein Gerechtigkeitsurteil nie *allein* aus einem empirischen Wissen. Vielmehr geht immer auch eine normative Bewertung bzw. Forderung in ein solches Urteil mit ein. Im vorliegenden Beispiel ist dies die Forderung, dass es für das Wahlrecht gerade auf Intelligenz und Entscheidungsfähigkeit ankommt. Rein denkbar wäre es ja auch, dass es auf Faktoren wie Körperkraft oder Reichtum ankommt.

Aus einem Seinsurteil – einem Urteil, dass etwas in der Realität der Fall ist – *allein* lässt sich also ein Sollensurteil – ein Urteil, dass etwas gerechterweise der Fall sein soll – nicht logisch ableiten. So ist auch zur Begründung eines Urteils der Gerechtigkeit stets eine normative Prämisse, ein Sollensurteil, erforderlich. Das schließt allerdings nicht aus, dass in manchen Fällen über die Prämisse des Sollensurteils durchaus allgemeine oder weitgehende Einigkeit besteht und nur die empirische Prämisse des Seinsurteils, das zur Begründung ebenfalls benötig wird, umstritten ist. So besteht zum Beispiel jedenfalls in der westlichen Welt Einigkeit darüber, dass der islamische Terrorismus bekämpft werden soll. Auf welche Weise eine solche Bekämpfung aber auf lange Sicht am wirksamsten erfolgen kann, ist durchaus umstritten.

Unsere normativen Gerechtigkeitsurteile beruhen stets auf unseren moralischen Einstellungen, das heißt auf moralischen Normen, die wir sowohl für uns selber akzeptieren als auch unseren Mitmenschen gegenüber vertreten. Das bedeutet: Unsere Gerechtigkeitsurteile sind unter der Voraussetzung begründet, dass es für unsere moralischen Einstellungen, auf denen sie beruhen, gute Gründe gibt. Und sie sind als Forderungen der Gerechtigkeit auch unseren Mitmenschen gegenüber begründet, wenn wir davon ausgehen können, dass es auch für unsere Mitmenschen gute Gründe gibt, diese Einstellungen zu teilen bzw. diesen Normen zuzustimmen.

Dabei sind die «guten Gründe» für eine intersubjektive Zustimmung zu moralischen Normen letztlich nichts anderes als jene aufgeklärten Ziele und Interessen, von denen man annehmen darf, dass sie jedenfalls die meisten Menschen in einem urteilsfähigen und über alle relevanten Umstände informierten Zustand haben. Damit soll nicht gesagt sein, dass die betreffenden Interessen etwa nur egoistischer Natur sein können. Menschen haben gewöhnlich durchaus auch gewisse altruistische und sogar ideelle

Interessen. So können sie etwa auch ein Interesse im Sinn eines rationalen Wunsches danach haben, dass bestimmte Güter unter die Menschen in bestimmter Weise verteilt werden.

In Fragen der Verteilungsgerechtigkeit geht es ja stets darum, einander widerstreitende Interessen verschiedener Individuen bzw. Gruppen unter einen Hut zu bringen. Die Antwort auf eine Verteilungsfrage kann, realistisch betrachtet, niemals in der Suche nach irgendwelchen absoluten Prinzipien der Gerechtigkeit bestehen. Sie muss vielmehr darin bestehen, dass wir uns fragen, welche der möglichen Lösungen wir im jeweiligen Fall für jedes betroffene Individuum fairerweise zumutbar erachten, indem wir uns dabei in die Lage jedes betroffenen Individuums hineinversetzen.

Aus alledem ergibt sich folgende Konsequenz für unsere Frage nach der Begründung gerechter Normen: Es gibt keine Liste solcher Normen, die uns in einer objektiven Realität vorgegeben und als Gegenstand reiner Erkenntnis erfassbar sind. Wir müssen uns vielmehr fragen, ob und inwieweit wir für die verschiedenen Bereiche und Fragen der Gerechtigkeit aus unseren begründeten moralischen Einstellungen und möglicherweise zusätzlichen, empirischen Prämissen intersubjektiv zustimmungsfähige Schlussfolgerungen ziehen können. Dabei müssen wir stets mit der Möglichkeit rechnen, dass zumindest in manchen Fragen der Gerechtigkeit eine wirklich allgemeine bzw. weitestgehende Zustimmung nicht erreichbar sein wird. Das bedeutet, dass die Menschen selbst bei optimaler Urteilsfähigkeit und Informiertheit in diesen Fragen zu keiner allgemeinen Übereinstimmung kommen werden.

In den folgenden Kapiteln wird es also darum gehen, im Kontext der jeweiligen konkreten Fragestellung herauszufinden, ob und inwieweit es in dem genannten Sinn Argumente für intersubjektiv begründete Normen der Gerechtigkeit gibt und wie diese Normen der Gerechtigkeit lauten können. (Zu der allgemeinen

Begründungsfrage von moralischen Normen siehe N. Hoerster, *Was ist Moral?*, Stuttgart 2008.)

2
Gerechtigkeit und Gleichheit

Wohl kein anderer Begriff wird im Zusammenhang mit der Thematik der Gerechtigkeit so oft ins Feld geführt wie der Begriff der *Gleichheit*. Da die Menschen von Natur einander gleich seien, so wird gesagt, müssten sie – bezogen auf die «Grundgerechtigkeit» – auch gleichbehandelt bzw. – bezogen auf die «Verteilungsgerechtigkeit» – auch gleichgestellt werden. Wie sind diese Forderungen nach *Gleichbehandlung* bzw. *Gleichstellung* genauer zu verstehen, und was ist generell, bezogen auf jegliche Gerechtigkeit, von ihnen zu halten?

Zunächst zur Forderung nach Gleichbehandlung. Fordert die Gerechtigkeit tatsächlich, dass wir alle Menschen – oder jedenfalls alle Menschen in der eigenen Gesellschaft, also unsere Mitbürger – stets gleichbehandeln? Das ist mit Sicherheit nicht der Fall. Zwar fordert die Gerechtigkeit, dass wir jedem Mitbürger gleicherweise etwa das Recht einräumen, nicht körperlich verletzt zu werden. Sie fordert aber offenbar nicht, dass wir jedem Mitbürger auch etwa das Recht einräumen, eine lebensrettende Operation finanziert zu bekommen. Ein solches Recht steht vielmehr, falls überhaupt, nur jenen Mitbürgern zu, die nicht dazu in der Lage sind, ihre Operation selbst zu finanzieren.

Das bedeutet: Jede Forderung nach Gleichbehandlung setzt offenbar voraus, dass die Personen, die gleichbehandelt werden sollen, nicht nur in dem trivialen Sinn einander gleich sind, dass sie Menschen sind, sondern dass sie außerdem auch in einer besonderen, nämlich in Bezug auf den jeweiligen Fall *relevanten Hinsicht* einander gleich sind. So sind alle Menschen zwar insoweit einander gleich, als dass ihnen eine Körperverletzung schweren Schaden zufügt, nicht aber insoweit, als dass sie im Krankheitsfall finanzieller Hilfe bedürfen. Wer über hinreichend Geld verfügt, braucht nicht von seinen Mitbürgern bzw. vom Staat finanziell unterstützt zu werden. Ich werde auf dieses ausschlaggebende Kriterium der Relevanz noch zurückkommen.

In einer weiteren Hinsicht jedoch ist die Forderung nach Gleichbehandlung der Menschen geradezu abwegig. Nehmen wir an, ich gebe dem Bettler X zwei Euro. Muss ich deshalb nun den ebenso bedürftigen Bettler Y gleichbehandeln, das heißt, muss ich auch ihm zwei Euro geben? Oder muss ich vielleicht jedem der beiden Bettler einen Euro geben? Sicher nicht.

Jede Forderung nach Gleichbehandlung setzt offensichtlich voraus, dass jemand eine bestimmte Behandlung bestimmter Menschen nicht nur tatsächlich vornimmt, sondern dass er zu dieser Behandlung auch moralisch verpflichtet ist. Wenn ich nicht verpflichtet bin, dem Bettler X Geld zu geben, dann kann ich nicht allein deshalb, weil ich X tatsächlich Geld gebe, gerechterweise verpflichtet sein, auch einer anderen Person, selbst wenn sie X in relevanter Hinsicht gleicht, ebenfalls Geld zu geben. Ein weiteres Beispiel: Allein deshalb, weil ich von vornherein moralisch verpflichtet bin, das vom Ertrinken bedrohte Kind A zu retten, bin ich gerechterweise verpflichtet, das ebenso bedrohte Kind B gleichzubehandeln und ebenfalls zu retten. Bemerkenswert ist dabei, dass meine Verpflichtung, B zu retten, offenbar auch dann besteht, wenn ich A tatsächlich *nicht* rette. Ich bin nämlich – jedenfalls nach meiner begründeten Überzeugung – ohnehin verpflichtet, im Rahmen des Möglichen und Zumutbaren *jeden* ertrinkenden Menschen, also sowohl A wie B, zu retten.

Dieses Beispiel zeigt wohl mehr als deutlich: Die Forderung nach Gleichbehandlung kann, richtig verstanden, nur dazu dienen, eine ohnehin bestehende moralische Verpflichtung auf weitere Fälle gleicher Art auszudehnen. Sie dient, genauer gesagt, dazu, den Anwendungsbereich einer bereits bestehenden generellen Verpflichtung näher zu bestimmen oder zu präzisieren.

Noch zwei Beispiele: A muss seine Büroangestellten gleichbehandeln – aber nur insoweit, als er zu der betreffenden Behandlung ohnehin verpflichtet ist. Er braucht nicht, weil er eine der Angestellten manchmal zum Abendessen einlädt, auch die übrigen Angestellten manchmal zum Abendessen einzuladen. Und ein demokratischer Staat muss Frauen bei der Gewährung des Wahlrechts nur deshalb gleichbehandeln, weil er seinen Bürgern generell das Wahlrecht gewähren muss. Eine bloße Gleichbehandlung der Frauen wäre ja auch dann erreicht, wenn der Staat keinem seiner Bürger das Wahlrecht gewähren würde. Der politischen Gerechtigkeit, wie wir sie heute verstehen, wäre mit einer solchen Gleichbehandlung aber sicher nicht gedient.

Schon diese Überlegungen zeigen, dass es völlig unmöglich ist, aus der Forderung nach Gleichbehandlung jene Gerechtigkeitsnormen der «Grundgerechtigkeit», nach denen wir auf der Suche sind, irgendwie abzuleiten. Denn die Forderung nach Gleichbehandlung setzt ja, wie wir sahen, eine begründete Norm der Gerechtigkeit wie das Wahlrecht oder das Recht auf Hilfeleistung bereits voraus. Eine Gesellschaft, die *keinem* ihrer Bürger ein bestimmtes Recht gewährt, befolgt nun einmal das Gebot der Gleichbehandlung ebenso wie eine Gesellschaft, die *jedem* ihrer Bürger dieses Recht gewährt. Gleichbehandlung als solche kann also auch sehr ungerecht sein. Sie ist deshalb keinesfalls eine *hinreichende* Bedingung der Gerechtigkeit.

Gleichbehandlung als solche ist außerdem aber auch keine *notwendige* Bedingung der Gerechtigkeit. Das zeigt folgendes einfache Beispiel. Es gilt allgemein als gerecht, dass in einem demokratischen Staat das Wahlrecht keineswegs allen Menschen, sondern nur den erwachsenen Menschen zusteht. Umfassende Gleichbehandlung ist also offenbar zur Verwirklichung von Gerechtigkeit durchaus nicht immer notwendig. Warum aber verlangt in diesem Beispiel die Gerechtigkeit nicht, dass Kinder mit Erwachsenen gleichbehandelt werden und ebenso das Wahlrecht erhalten? Das Recht auf Leben etwa scheint Kindern doch auch ebenso wie Erwachsenen zuzustehen.

Der Grund für diese Ungleichbehandlung von Kindern ist nicht schwer erkennbar: Offenbar besitzen Kinder zwar ebenso wie Erwachsene ein Ichbewusstsein und ein Überlebensinteresse, die als Grund für die Zuerkennung des Lebensrechtes gelten können, nicht aber ebenso wie Erwachsene eine ausreichende Intelligenz und die Fähigkeit zu selbstverantwortlichen Entscheidungen, die als Grund für die Zuerkennung des Wahlrechts gelten können. Auch dieses Beispiel zeigt also: Die Gerechtigkeit verlangt mitnichten die Gleichbehandlung aller Menschen bzw. Bürger; sie verlangt lediglich die Gleichbehandlung all jener Menschen, die die *gleichen relevanten Eigenschaften* besitzen.

Dass etwa auch Frauen, Atheisten und Vermögenslosen – anders als Kindern – das Wahlrecht zusteht, ist insoweit also gar keine Frage allgemeiner Gleichbehandlung, sondern einfach die Konsequenz jener Bedingungen, unter denen das Wahlrecht überhaupt zu gewähren ist. Falls bestimmte Menschen wie die soeben genannten, die diese Voraussetzungen erfüllen, trotzdem vom Wahlrecht ausgeschlossen werden, so kann man zwar sagen, dass sie dadurch den anderen Wahlberechtigten gegenüber ungerechterweise nicht gleichbehandelt werden. Die eigentliche Ungerechtigkeit ihnen gegenüber besteht aber gar nicht in dieser Ungleichbehandlung, sondern in der Nichterfüllung ihres ohnehin bestehenden legitimen Anspruchs – eines Anspruchs, der ganz unabhängig davon besteht, ob er auch den übrigen Berechtigten gegenüber tatsächlich erfüllt wird oder nicht. Das heißt: Es ist nicht die Ungleichbehandlung als solche, die den Grund für die Ungerechtigkeit darstellt, sondern ungerecht ist diese Ungleichbehandlung deshalb, weil die normative Prämisse nicht anerkannt wird, wonach das Wahlrecht von der Intelligenz und Entscheidungsfähigkeit der Bürger abhängt.

Daraus folgt: Das Wahlrecht etwa der Frauen wäre auch unter der Bedingung begründet, dass es den Männern tatsächlich *nicht* gewährt würde, gerechterweise jedoch allen Erwachsenen gewährt werden *muss*. Entscheidend ist allein, dass sowohl bei Frauen als auch bei Männern die für das Wahlrecht relevanten Bedingungen erfüllt sind. Nur deshalb, weil bei Männern wie bei Frauen diese für das Wahlrecht relevanten Bedingungen erfüllt sind, müssen Männer wie Frauen das Wahlrecht erhalten und insoweit gleichbehandelt werden. Die gebotene Gleichbehandlung von Männern und Frauen ist also keineswegs der *Grund* für das Wahlrecht der beiden Geschlechter, sondern lediglich die zwingende Konsequenz der Tatsache, dass Männer wie Frauen gleichermaßen die Bedingungen für die Zuerkennung des Wahlrechts erfüllen.

Dies zeigt uns: Der Begriff der Gleichheit bzw. der Gleichbehandlung ist sowohl zur Darstellung als auch zur Begründung des betreffenden Wahlrechts völlig überflüssig. Jede Norm, die anstatt Eigennamen allgemeine Begriffe (wie «Erwachsene») enthält, fordert damit automatisch die Gleichbehandlung derjenigen Personen, die unter die betreffenden Begriffe fallen; und sie fordert andererseits *nicht* die Gleichbehandlung derjenigen Personen, die unter einen anderen allgemeinen Begriff fallen. So steht etwa den Blondhaarigen als solchen kein Wahlrecht zu; sie erhalten das Wahlrecht vielmehr nur dann, wenn sie außerdem bereits erwachsen sind. Die Blondhaarigen werden also, was das Wahlrecht angeht, untereinander *nicht* gleichbehandelt.

Das bedeutet: Gleichbehandelt werden automatisch alle Menschen, die unter eine bestimmte allgemeine Norm fallen: Wenn etwa alle behinderten Menschen kein Wahlrecht erhalten, werden insoweit alle behinderten Menschen – Männer, Frauen und Kinder – durchaus gleichbehandelt. Ob eine solche Norm und damit die entsprechende Gleichbehandlung jedoch gerecht ist, hängt allein davon ab, ob jene Bedingungen, die die Norm aufstellt, für die normativen Folgen, die sie an die Bedingungen knüpft, auch wirklich als relevant gelten können – was im genannten Beispiel sicher *nicht* der Fall ist. Jede allgemeine Norm und damit jede Gleichbehandlung von Menschen kann grundsätzlich sowohl gerecht als auch ungerecht sein. Die gelegentlich aufgestellte Behauptung, die Gerechtigkeit verlange stets die Gleichbehandlung der Menschen (nämlich aller Menschen), ist einfach falsch. Nur wenn man zum Beispiel Kinder oder Greise in puncto Wehrpflicht jungen Männern gegenüber *nicht* gleichbehandelt, behandelt man sie ja gerecht.

Welche Bedingungen jedoch für die Beurteilung einer bestimmten Behandlung als gerecht tatsächlich relevant sind, hängt allein von der jeweiligen Behandlung ab: Beim Lebensrecht sind, wie wir sahen, andere Bedingungen relevant als beim Wahlrecht. Und während beim Wahlrecht alle mündigen Erwachsenen – ob Männer oder Frauen, Gläubige oder Atheisten – die relevanten Bedingungen zweifellos erfüllen, kann man offenbar darüber streiten, inwieweit dies etwa auch im Fall der Wehrpflicht oder im Fall der Strafwürdigkeit homosexueller Handlungen zutrifft. So hält Deutschland anders als etwa Israel Frauen im Unterschied zu Männern *nicht* für wehrpflichtig. Und im gleichen Sinn hat unser Bundesverfassungsgericht die Homosexualität – für das Gericht die «anormale Wendung des Triebes auf das eigene Geschlecht» – bei Männern und Frauen als «nicht vergleichbare Tatbestände» bezeichnet und damit die gleichzeitige Strafbarkeit der männlichen und Straffreiheit der weiblichen Homosexualität für durchaus gerecht erklärt (Entscheidungen des Bundesverfassungsgerichts, Bd. 6 (1957), S. 432).

Dabei kann die unterschiedliche Bewertung in einem solchen Fall von zwei verschiedenen Faktoren bestimmt sein. Zum einen kann sie auf einer unterschiedlichen Antwort auf die *normative*

Frage beruhen, was genau als relevant für die Verpflichtung zum Wehrdienst oder die Bestrafung der Homosexualität zu betrachten ist. Und zum anderen kann sie auf einer unterschiedlichen Antwort auf die *empirische* Frage beruhen, ob Frauen die für relevant erklärten Bedingungen in hinreichendem Maß erfüllen.

Schon die bisherigen Beispiele zeigen, dass eine als gerecht bewertete Gleichbehandlung sich im Prinzip nicht nur positiv, sondern auch negativ für die Betroffenen auswirken kann. Sie kann nämlich sowohl Rechte oder Vorteile (wie das Lebensrecht oder das Wahlrecht) als auch Pflichten oder Nachteile (wie die Wehrpflicht oder die Steuerpflicht) für die Betroffenen beinhalten. Die Gerechtigkeit verbietet nicht nur eine an irrelevante Bedingungen geknüpfte, also ungerechte Benachteiligung oder Diskriminierung; sie verbietet ebenso eine entsprechende Begünstigung oder Privilegierung.

Das Steuerbeispiel zeigt im Übrigen, dass die Relevanz der ausschlaggebenden Bedingungen sich außer auf die Frage, welchen Menschen ein bestimmter Anspruch oder eine bestimmte Pflicht grundsätzlich oder der Art nach zukommt, ebenfalls auf die Frage beziehen kann, in welcher Höhe oder welchem Umfang diesen Menschen der betreffende Anspruch bzw. die entsprechende Pflicht zukommt. Denn die Pflicht etwa zur Einkommensteuer ist ja nicht nur als Steuerpflicht grundsätzlich an das Einkommen gebunden; sie hängt zudem in ihrer spezifischen Höhe ja auch von der Höhe des Einkommens ab.

Auch hier haben wir es also mit einer Frage der Gerechtigkeit, und zwar einer speziellen Verteilungsgerechtigkeit, zu tun, die lautet: Wie genau soll sich die *Höhe* des Einkommens, falls überhaupt, auf die *Höhe* der Steuer auswirken? In welcher Relation ist die Höhe des Einkommens für die Höhe der Steuer als relevant zu betrachten? Und Entsprechendes gilt auch für andere Bereiche der Gerechtigkeit. So ist es beispielsweise keine Selbstverständlichkeit, dass im Fall des Wahlrechts jeder Bürger, der grundsätzlich wahlberechtigt ist, auch genau eine Stimme und damit dieselbe Anzahl von Stimmen wie jeder andere wahlberechtigte Bürger hat, dass also das Stimmengewicht eines Wahlberechtigten nicht vielleicht von seinem Alter, der Zahl seiner Kinder, seiner Intelligenz, seinem Beruf, der Höhe seiner Steuerpflicht oder einem anderen Faktor abhängt.

Falsch ist im Übrigen nicht nur, wie schon gesagt, die Annahme, alle Menschen seien stets gleichzubehandeln. Falsch ist ebenfalls die zwar schwächere, aber umso häufiger gemachte Annahme, jedenfalls *prima facie* (auf den ersten Blick) seien alle Menschen stets gleichzubehandeln. Mit anderen Worten, die Begründungspflicht liege stets bei demjenigen, der in einer bestimmten Hinsicht Gleichbehandlung *nicht* für richtig hält.

In Wirklichkeit spricht, grundsätzlich betrachtet, auch prima facie nicht mehr *für* als *gegen* eine Gleichbehandlung der Menschen. Entscheidend ist und bleibt allein, welche Eigenschaften der Menschen im jeweiligen Kontext, bezogen auf die betreffende Behandlung, entweder als relevant oder aber als irrelevant für die Bewertung dieser Behandlung zu gelten haben. So spricht, um das Beispiel des Wehrdienstes wieder aufzunehmen, auch prima facie sicher nicht mehr für als gegen den Wehrdienst von Kindern oder Greisen, also nicht mehr für als gegen die Gleichbehandlung dieser mit anderen Menschen. Die einzig rationale Vorgehensweise besteht vielmehr hier wie auch sonst darin, erstens die Kriterien für den Wehrdienst in Form der dafür relevanten menschlichen Eigenschaften zu benennen und zweitens zu prüfen, ob Kinder und Greise diese Kriterien erfüllen oder nicht.

Nach alledem bedarf die Zusprechung von Rechten wie von Pflichten so oder so in jedem Fall einer eigenen sachbezogenen Begründung. Dass es möglicherweise gewisse Rechte – wie etwa das Recht auf Leben – gibt, die nach einer solchen Begründung tatsächlich *allen* Menschen zustehen, ändert daran nichts. Es gibt daneben ja auch eine Vielzahl von Rechten – wie etwa das Wahlrecht und das Recht auf Eheschließung, von denen Kinder ausgeschlossen sind –, die *nicht* allen Menschen zustehen.

Vereinbar mit dieser Auffassung ist, dass im Bereich spezieller Verteilungsgerechtigkeit die Gleichverteilung tatsächlich in jenem Sonderfall prima facie die gerechte Lösung ist, in dem es 1. für die Höhe oder das Maß der Verteilung entweder gar keine relevanten Kriterien gibt oder in dem 2. zur Umsetzung der Kriterien die erforderlichen Informationen fehlen. Letzteres ist dann der Fall, wenn zwar die Kriterien für eine gerechte Verteilung innerhalb einer Gruppe von anspruchsberechtigten Menschen feststehen, es aber unklar ist, welche Mitglieder der Gruppe welche dieser Kriterien auch wirklich erfüllen.

Man betrachte folgendes Beispiel: Ich habe als Direktor einer Schule mit 50 meiner Schüler über einen längeren Zeitraum ein freiwilliges Sozialprojekt durchgeführt, das wegen seines großen Erfolges den Preis einer Stiftung in Höhe von 10 000 Euro erhalten hat. Nach dem Willen der Stiftung soll ich das Geld unter die Schüler gerecht verteilen. Wie aber soll ich das Geld unter die Schüler verteilen? Die Stiftung hat sich, so wollen wir als erste Möglichkeit annehmen, in keiner Weise geäußert, nach welchen Kriterien – wie erbrachtem Zeitaufwand, geleisteter Anstrengung, erzieltem Erfolg – das Geld unter die Schüler verteilt werden soll; dann haben wir es mit der ersten der beiden obigen Alternativen zu tun. Und wenn wir als zweite Möglichkeit annehmen, dass die Stiftung sich zwar auf ein Verteilungskriterium festgelegt hat, ich aber beim besten Willen nicht mehr ermitteln kann, welche Schüler dieses Kriterium mehr und welche es weniger erfüllt haben, dann haben wir es mit der zweiten der beiden obigen Alternativen zu tun. Da ich aber trotz allem das Geld unter die Schüler verteilen muss, scheint mir in beiden Alternativen die gerechte Verteilung darin zu bestehen, jedem der 50 Schüler den gleichen Betrag von 200 Euro zu geben. Denn unter pragmatischem Gesichtspunkt ist diese Verteilung sicher die einzig richtige und auch gerechte. Jede andere denkbare Lösung wäre bei meinem Wissensstand nicht nur völlig willkürlich; sie würde auch die Gefahr beinhalten, dass einige jener Schüler, die in gewisser Hinsicht das meiste geleistet haben, durch Zufall den vergleichsweise geringsten Anteil erhielten und somit – im Vergleich zu einer Verteilung unter Bedingungen umfassenden Wissens – geradezu extrem ungerecht behandelt würden. Durch eine Gleichverteilung wird in einem solchen Fall mit Sicherheit das Schlimmste vermieden und der Gerechtigkeit so weit wie möglich Genüge getan.

Eine entsprechende Konstellation im Sinn der zweiten obigen Alternative würde etwa vorliegen, wenn nach einer Naturkatastrophe eine Vielzahl von Menschen mit großem Aufwand gerettet wurde, ohne dass sich noch feststellen lässt, wie groß der jeweils unterschiedliche Aufwand der Rettungsmannschaft für jeden einzelnen Geretteten war. Auch hier erscheint es, realistisch betrachtet, als gerecht, die Kosten der Rettungsaktion auf alle Betroffenen gleich zu verteilen.

Das Besondere an derartigen Konstellationen ist, dass sowohl die Identität der jeweils Berechtigten bzw. Verpflichteten als auch die Summe der zu verteilenden Güter bzw. Lasten aufgrund allgemein anerkannter Relevanzkriterien bereits als gerecht feststeht. Wenn diese Bedingungen aber erfüllt sind, ist eine Gleichverteilung offenbar nicht nur dann – unter grundsätzlichem Aspekt – gerecht, wenn die betroffenen Menschen, auch was die Verteilung angeht, in relevanter Hinsicht einander gleich sind; sie ist – unter pragmatischem Aspekt – auch dann gerecht, wenn relevante Ungleichheiten jedenfalls nicht bekannt sind oder, sofern bekannt, sich gleichwohl ihren Trägern nicht mit hinreichender Sicherheit zuordnen lassen.

Die Gerechtigkeit fordert in derartigen Fällen also keineswegs, dass alle Menschen prima facie gleichbehandelt oder alle Güter oder Lasten prima facie unter alle Menschen gleich verteilt werden. Sie fordert lediglich, dass unter eine schon feststehende Gruppe von Menschen, unter die eine ganz bestimmte Menge von Gütern oder Lasten gerecht zu verteilen ist, genau diese Menge an Gütern oder Lasten im Zweifelsfall, also prima facie gleich verteilt wird.

Nach alledem hat für die eigentliche *Begründung* von Normen der «Grundgerechtigkeit» der Begriff der Gleichheit jedenfalls keine Funktion. Für Fragen der «Verteilungsgerechtigkeit» ist dies jedoch unter Umständen anders. Denn hier wird nicht selten ausdrücklich eine bestimmte Gleichstellung der Menschen als gerecht gefordert und damit die Gleichheit der Menschen als ein eigenständiger, um seiner selbst willen zu verfolgender Wert betrachtet. Es wird hier nämlich gefordert, dass die Menschen oder jedenfalls die Bürger der eigenen Gesellschaft in einer bestimmten Hinsicht – unabhängig davon, auf welcher Vergleichsstufe sie tatsächlich stehen – auf dieselbe Stufe gestellt werden.

Das wirft natürlich sofort die Frage auf, *in welcher Hinsicht* die Menschen denn gleichgestellt werden sollen. Sollen sie etwa gleiche Häuser oder gleiche Arbeitszeiten erhalten? Sollen sie alle gleich alt oder gleich berühmt werden? All das wohl kaum. Philosophen argumentieren nicht selten für eine Gleichstellung in Hinsicht 1. auf Grundgüter wie insbesondere materielle Ressourcen und 2. auf Chancen für ein gelungenes, glückliches Leben.

Durch die gleichen Grundgüter soll gewährleistet werden, dass die Menschen, unabhängig von ihrem unterschiedlichen sozialen Umfeld und von anderen zufälligen Faktoren, zur Gestaltung ihres Leben im Prinzip die gleichen Mittel zur Verfügung haben. Und durch die gleichen Chancen soll gewährleistet werden, dass die Menschen, unabhängig sogar von ihrer unterschiedlichen Begabung, die gleichen Möglichkeiten erhalten, ein gelungenes, glückliches Leben zu führen. Hinsicht 2 wird dabei als «Chancengleichheit» gewöhnlich in einem Sinn verstanden, der Hinsicht 1 mitumfasst.

Diese Gerechtigkeitsforderungen sind, wie wir im Einzelnen noch sehen werden, zwar diskutabel, aber auch problematisch. Erstens erscheinen sie ohne ein Maß, an dem sich die jeweilige allgemeine Gleichheit orientieren soll, als leer bzw. beliebig. Denn ohne ein solches Maß würden sie ja beispielsweise auch dann erfüllt sein, wenn jeder Bürger gleicherweise 1. mit genau 1000 Euro im Monat ausgestattet werden würde bzw. 2. lediglich die Chance erhielt, den Beruf eines Angestellten auszuüben. Ein solches Szenario wäre aber selbst mit den bescheidensten Forderungen der «Grundgerechtigkeit» – man denke an das jedem Menschen zustehende Recht auf ein freies, selbstbestimmtes Leben – wohl kaum vereinbar.

Zweitens erscheinen die betreffenden Gleichheitsforderungen selbst dann problematisch, wenn als Maßstab der Gleichheit etwa das Niveau eines Bürgers der Mittelklasse oder sogar das unter Gleichheitsbedingungen höchstmögliche Niveau innerhalb der jeweiligen Gesellschaft genannt wird, wenn also die *unter* diesem Niveau lebenden Mitbürger auf dieses Niveau angehoben und die *über* diesem Niveau lebenden Mitbürger auf dieses Niveau abgesenkt werden sollen. Denn auch eine solche Gerechtigkeitsforderung dürfte sich im Einklang mit den schon genannten Forderungen der «Grundgerechtigkeit» nur schwer begründen lassen. Fraglich erscheint außerdem, ob und wie sich die so verstandenen Forderungen nach Gleichstellung in einer modernen Großgesellschaft überhaupt realitätsgerecht umsetzen lassen.

Alle in diesem Kapitel angesprochenen Fragen werden uns im weiteren Verlauf des Buches noch näher beschäftigen. Im vorliegenden Kontext ging es allein darum, die häufige Behauptung, dass Gerechtigkeit und Gleichheit letztlich ein und dasselbe sind und dass die Gleichheit schon deshalb der notwendige Anknüpfungspunkt jeglicher Gerechtigkeit ist, als falsch zu erweisen.

3
Zusammenfassung

Ein Gerechtigkeitsurteil enthält die moralische Forderung nach einer bestimmten sozialen oder rechtlichen Norm. Allerdings gehören zum Bereich der Gerechtigkeit nach dem hier vertretenen Ansatz nur solche moralischen Forderungen, die zum einen fundamentale, alle oder einen erheblichen Teil der Bevölkerung betreffende Normen einer «Grundgerechtigkeit» beinhalten oder die zum anderen die relative Stellung verschiedener Teile der Gesellschaft betreffende Normen einer «Verteilungsgerechtigkeit» beinhalten.

Da Gerechtigkeitsforderungen immer auch mit Pflichten oder Nachteilen für manche Individuen verbunden sind, sind diese Forderungen begründungsbedürftig. Da sie als Forderungen aber stets normativer Art sind, kann ihre Begründung keine Sache reiner Erkenntnis sein. Sie muss vielmehr in einer Kombination von moralischen Einstellungen mit empirischen Annahmen bestehen, wobei diese Einstellungen, sollen sie rational vertretbar sein, letztlich nur auf unseren aufgeklärten Wünschen und Interessen basieren können. Inwieweit auf dieser Grundlage ein intersubjektiver Konsens über die anstehenden Fragen der Gerechtigkeit erreichbar ist, muss für jede einzelne dieser Fragen gesondert untersucht werden.

Nach einer verbreiteten Sichtweise wird die Forderung nach Gerechtigkeit mit der Forderung nach Gleichbehandlung bzw. nach Gleichstellung ohne Weiteres identifiziert. Diese Sichtweise ist verfehlt. Es müssen vielmehr jeweils weitere Voraussetzungen vorliegen, damit eine Gleichbehandlung bzw. eine Gleichstellung der Menschen als Forderung der Gerechtigkeit Zustimmung verdient. Im Fall der Gleichbehandlung muss gezeigt werden, dass eine Norm begründet ist, der gemäß alle jene Menschen auf eine bestimmte Weise zu behandeln sind, auf die bestimmte für die Behandlung relevante Bedingungen zutreffen. Und im Fall der Gleichstellung muss schlüssig begründet werden, warum Menschen überhaupt in irgendeiner Hinsicht auf dieselbe Stufe gestellt werden sollen.

II
Die notwendigen Grundrechte

In diesem Kapitel geht es um die zentralen Fragen der «Grundge-rechtigkeit» – um die Begründung von Normen, die im Prinzip für jedes Mitglied einer Gesellschaft von fundamentaler Bedeutung sind. Wohl niemand möchte in einer Gesellschaft leben, in der nicht gewisse individuelle Grundrechte in Geltung sind: Grundrechte, die für jeden Bürger unverzichtbare Voraussetzungen eines in wesentlicher Hinsicht gelungenen und glücklichen Lebens sind. Es dürfte wenige Gesellschaften geben, in denen solche Rechte nicht zumindest im Prinzip anerkannt sind. Selbst innerhalb totalitärer Staaten, in denen die Freiheit des Individuums dem Staat gegenüber kaum Schutz genießt, ist das Individuum seinen *Mitbürgern* in der Regel keineswegs schutzlos ausgeliefert: Ein Mord, eine Vergewaltigung oder ein Einbruchsdiebstahl durch einen Mitbürger löste unter der Herrschaft der Nationalsozialisten normalerweise dieselben rechtlichen und sozialen Sanktionen aus wie im gegenwärtigen Deutschland.

Unter Philosophen ebenso wie unter Politikern ist die Thematik der «Grundgerechtigkeit» mit ihren zentralen Forderungen weit weniger umstritten als die im nächsten Kapitel behandelte Thematik der «Verteilungsgerechtigkeit». Trotzdem gibt es auch hier eine Reihe offener Fragen. Die wichtigsten von ihnen sind: Was ist genau der Inhalt der Normen der «Grundgerechtigkeit», die den Bürgern bestimmte «Grundrechte» – Abwehr- ebenso wie Anspruchsrechte – einräumen? Wie lassen sich speziell diese Normen begründen? Welche näheren Konsequenzen haben sie? Sind die von ihnen eingeräumten Grundrechte als *absolute*

Rechte zu verstehen, die unter keinen Umständen verletzt wer-
den dürfen? Wenn sie grundsätzlich aber Ausnahmen zulassen
und das eine Grundrecht prinzipiell zugunsten eines anderen
Grundrechts verletzt werden darf, trifft dies dann auf alle
Grundrechte gleicherweise zu? Oder besteht eine Rangordnung
zwischen den verschiedenen Grundrechten, so dass etwa das
Grundrecht auf Leben vor dem Grundrecht des Eigentums stets
Vorrang genießt?

I

Die Abwehrrechte

Die markanteste Position zur Thematik der Grundrechte vertritt
der neben John Rawls wohl zweitwichtigste amerikanische So-
zialphilosoph Robert Nozick (1938–2002). Für Nozick besteht
kein Zweifel, dass jedes menschliche Individuum gewisse Rechte
oder Ansprüche seinen Mitmenschen gegenüber hat, die niemand
verletzen darf: «Die Menschen haben Rechte, und einiges darf
ihnen kein Mensch und keine Gruppe antun (ohne ihre Rechte zu
verletzen)» (Nozick, S. 11). Somit besagt Nozicks berühmte, unter Berufung auf John Locke (1632–1704) vertretene «Anspruchstheorie» der Gerechtigkeit: Niemand darf einen anderen Menschen «an seinem Leben, seiner Gesundheit, seiner Freiheit oder
seinem Eigentum schädigen» (Nozick, S. 31). Man darf also einen
anderen Menschen nicht töten, nicht körperlich verletzen, nicht
seiner Freiheit berauben und ihm nicht sein Eigentum nehmen
oder schädigen. Zwei wichtige Punkte in Bezug auf diese Normen und die Funktion, die sie laut Nozick im Dienst der freien
Selbstbestimmung und Selbstverwirklichung des Individuums
haben, seien schon an dieser Stelle betont.

Zum einen versteht Nozick die Rechte oder Ansprüche, die
aus diesen Normen hervorgehen, ausschließlich als *Abwehrrechte*. Das heißt: Mein Recht zum Beispiel auf Leben besagt

nicht etwa, dass die Gesellschaft oder irgendein Individuum irgendetwas tun muss, um mich am Leben zu halten – in der Weise etwa, dass man mich im Notfall mit Nahrung oder mit Medikamenten versorgt. Ein solches Recht habe ich laut Nozick nicht. Die von Nozick anerkannten Rechte sind, obschon er seine Theorie als «Anspruchstheorie» bezeichnet, gerade keine *Anspruchsrechte* im eigentlichen Sinn. Sie dienen vielmehr ausschließlich der Abwehr oder Verhinderung von schädigenden Angriffen – von Angriffen auf Leben, Körper, Freiheit oder Eigentum eines Menschen. Anders gesagt: Die betreffenden Normen verpflichten keinen Menschen zu einem bestimmten *Handeln*, aber jeden Menschen zu einem bestimmten *Unterlassen*. Niemand braucht mir jemals zu helfen; aber auch niemand darf mir jemals schaden.

Zum Zweiten versteht Nozick diese Abwehrrechte in einem *absoluten* Sinn. Das heißt, sie gelten für Nozick ohne Ausnahme. Genauer gesagt, sie lassen zwar eine einzige Ausnahme zu, die insofern jedoch keine wirkliche Ausnahme ist, als sie im Ergebnis die Geltung dieser Rechte nur verstärkt. Die besagte Ausnahme ist nämlich an die Voraussetzung gebunden, dass jemand im Begriff steht, seinerseits eines dieser Rechte eines Mitmenschen durch einen illegitimen Angriff zu verletzen und von dieser Verletzung nur durch eine Handlung des Angegriffenen (oder eines Dritten) abgehalten werden kann, die ohne den genannten Angriff zweifellos eine Verletzung der Rechte des Betroffenen wäre. Man betrachte folgendes einfache Beispiel.

Wenn A mich unter Missachtung meines Lebensrechtes zu töten versucht, darf ich (oder ein Dritter) A töten, sofern nur auf diese Weise – und nicht etwa durch eine weniger gravierende Maßnahme wie eine Körperverletzung – meine Tötung durch A verhindert und dadurch mein Lebensrecht gewahrt werden kann. Dieser Ausnahme vom Tötungsverbot würde in der Tat wohl jeder zustimmen; denn es handelt sich hier offenbar um eine sogenannte Notwehrsituation. An einer derartigen *prinzipiellen* Zulassung einer Ausnahme von den geltenden Grundrechten dürfte insofern kein Zweifel bestehen. Damit ist die angesprochene Problematik jedoch nur zum Teil gelöst. Durchaus fraglich nämlich erscheint es, ob ich A auch dann töten darf, falls nur auf diese Weise eine solche Rechtsverletzung wie etwa die Wegnahme oder Beschädigung meines Fahrrads durch A verhindert werden kann. Auch hier handelt es sich ja um eine Notwehrsituation. Darf aber etwa auch die körperliche Unversehrtheit oder gar das Eigentum um den Preis des Lebens geschützt werden? Nozick scheint ohne Weiteres von einer positiven Antwort auch auf diese Frage auszugehen.

Nozicks großes Thema, dessen Behandlung ihn berühmt gemacht hat, ist jedoch weniger die gesamte Bandbreite der oben genannten, von ihm geforderten Grundrechte, sondern ein ganz bestimmtes Grundrecht, nämlich das dem Individuum zustehende Grundrecht des *Eigentums*. In der Tat ist kein anderes Grundrecht, was seinen Erwerb wie seine Tragweite angeht, unter Philosophen ebenso wie unter Politikern seit eh und je so umstritten wie das Eigentumsrecht. Ganz anders als etwa in Bezug auf das Recht auf Leben oder das Recht auf körperliche Unversehrtheit sind die Meinungsverschiedenheiten hier, sogar was die Kernfragen betrifft, gewaltig. So gibt es auf der einen Seite Philosophen wie Nozick, für die das Eigentumsrecht nicht weniger sakrosankt ist als das Recht auf Leben und die jegliche soziale Umverteilung bzw. Neuverteilung des Eigentums ablehnen, und auf der anderen Seite Philosophen, die sich auch heute noch von der radikalen Eigentumskritik eines Karl Marx (1818–1883) inspiriert zeigen.

Aus diesen Gründen werde ich das mit dem Eigentum verbundene Abwehrrecht und seine Grenzen in einem eigenen Kapitel (Kapitel IV) behandeln. Im vorliegenden Abschnitt von Kapitel II behandle ich demgegenüber die wichtigsten allgemeinen

Fragen hinsichtlich der vier zentralen Abwehrrechte, die ich ebenso wie Nozick in dem Recht auf Leben, dem Recht auf körperliche Unversehrtheit, dem Recht auf Freiheit und dem Eigentumsrecht erblicke. Insbesondere die Begründungsform sowie die Funktion dieser Rechte werde ich nun näher darstellen.

Werfen wir zunächst einen Blick auf die äußerst knappe Begründung, die Nozick für diese Rechte gibt. Für Nozick ist entscheidend der kantische Grundsatz, «daß die Menschen Zwecke und nicht bloß Mittel sind; sie dürfen nicht ohne ihr Einverständnis für andere Ziele geopfert oder gebraucht werden. Der einzelne ist unverletzlich.» (Nozick, S. 59.) Insofern gibt es für Nozick nach dieser kantischen Sichtweise erstens Normen der Gerechtigkeit, die der Menschheit in Form eines übergeordneten Natur- oder Vernunftrechts vorgegeben und prinzipiell erkennbar sind. Und zweitens folgt für ihn aus dieser kantischen Sichtweise, dass die betreffenden Normen, um dem einzelnen Menschen als unverletzlichem Selbstzweck gerecht zu werden, wie schon gesagt, absolut und ohne Ausnahme gelten. Da ich jedoch die erste These nicht für überzeugend halte (siehe S. 20 f.), sehe ich auch keinen Grund, die zweite These zu akzeptieren.

Wie könnte also eine alternative Sichtweise der Begründung und Funktion der vier Grundrechte aussehen? Betrachten wir zunächst das wichtigste dieser Rechte, das Recht auf Leben, das auf das prinzipielle Verbot hinausläuft, einen anderen Menschen zu töten. Wie lässt sich dieses Verbot begründen? Eine Antwort auf diese Frage scheint mir bei realistischer Betrachtung nicht schwierig zu sein: *Jeder* profitiert im Grunde von diesem Verbot. Selbst wenn ich irgendwann den Wunsch haben sollte, etwa einen Rivalen zu töten, so ist mir insgesamt gesehen das eigene Überleben doch weit wichtiger als die Realisierung dieses Wunsches. Die Vorteile des Tötungsverbotes überwiegen für mich also deutlich dessen Nachteile. Und dasselbe dürfte bei einer nüchternen, langfristigen Betrachtung für jeden Menschen gelten. Ein allgemeines Tötungsverbot in der Gesellschaft liegt insofern im allseitigen subjektiven – und damit im intersubjektiven – Interesse praktisch aller Bürger. (Näher Hoerster, Kap. 9.)

Wir benötigen zur Begründung des Rechtes auf Leben also nicht nur nicht die metaphysische Annahme irgendeines der Menschheit objektiv vorgegebenen Natur- oder Vernunftrechts. Wir benötigen ebensowenig die – im nächsten Kapitel ausführlich behandelte – Rawls'sche Annahme eines in einem hypothetischen Urzustand allseits geschlossenen fiktiven Vertrages. Uns genügt vielmehr die Erkenntnis, dass wir – und zwar jeder Einzelne von uns unter seinen realen Lebensbedingungen – von der sozialen und rechtlichen Geltung der betreffenden Norm alles in allem profitieren werden.

Das Gleiche aber trifft im Prinzip auch auf die übrigen drei oben genannten Rechte – also das Recht auf körperliche Unversehrtheit, das Recht auf Freiheit und das Eigentumsrecht – bzw. die mit ihnen verbundenen Verbote zu. Diese Rechte liegen ebenso, wie man leicht sehen kann, im wohlverstandenen Interesse jedes einzelnen Bürgers. Dabei ist, was das Recht auf Freiheit betrifft, zu bedenken, dass es offenbar eine Vielzahl von Ausprägungen der Freiheit gibt. So gibt es unter anderem die Bewegungsfreiheit, die Handlungsfreiheit, die Freiheit der Meinungsäußerung und die Vertragsfreiheit. Steht mir als Bürger wirklich ein Recht auf alle diese Freiheiten zu?

Es versteht sich von selbst, dass meine Bewegungs- und Handlungsfreiheit eingeschränkt ist durch die Rechte meiner Mitmenschen auf Leben und körperliche Unversehrtheit sowie ihr Eigentumsrecht: Ich darf keinen anderen Menschen töten, körperlich verletzen oder bestehlen. Insofern besitzen die beiden genannten Rechte gegenüber dem Freiheitsrecht generellen Vorrang. Dürfen einige meiner Freiheiten aber auch in der Weise eingeschränkt werden (wie es in unserer Gesellschaft geschieht), dass ich etwa einen Mitmenschen nicht beleidigen darf oder mich in der Öffentlichkeit nicht beliebig sexuell betätigen darf? Im ersten Fall ist ja zweifellos meine Freiheit der Meinungsäußerung und im zweiten Fall meine Handlungsfreiheit eingeschränkt.

Vielleicht lässt sich der erste Fall dadurch lösen, dass man neben dem Recht auf körperliche Unversehrtheit auch so etwas wie ein Recht auf geistige Unversehrtheit, also ein Recht auf Ehre und Achtung, für begründet hält. Und im zweiten Fall könnte man vielleicht argumentieren, durch die Ausübung der betreffenden Freiheit werde das sittliche Empfinden eines Großteils der Bevölkerung verletzt. Wie auch immer: Die Beispiele zeigen, dass erstens Freiheitsrechte, die intersubjektiv begründbar sind (wie das Recht auf freie Meinungsäußerung), kaum als absolute, also unbedingt und ausnahmslos geltende Rechte verstanden werden können und dass zweitens außer den bisher genannten, zentralen Abwehrrechten unter Umständen auch noch weitere, weniger wichtige Abwehrrechte (wie das Recht der Mehrheit, in ihrem sittlichen Empfinden nicht verletzt zu werden) jedenfalls diskutabel sind.

Wir sehen schon an diesen wenigen Beispielen, dass die verschiedenen Grundrechte miteinander in Konflikt geraten können und dass in diesem Fall das eine Grundrecht dem anderen gegenüber zurücktreten muss. Die einzelnen Grundrechte gelten also, wie schon gesagt, nicht absolut, sondern lediglich prima facie, dem ersten Anschein nach: Sie sind prinzipiell zu befolgen, aber nicht unter allen Umständen.

Dabei kann eine Abwägung zwischen zwei Grundrechten unter bestimmten Bedingungen auch durchaus dazu führen, dass speziell unter diesen Bedingungen das im Prinzip wichtigere Grundrecht dem weniger wichtigen zu weichen hat: Meine wichtige sexuelle Handlungsfreiheit würde zwar wohl dann unvertretbar eingeschränkt, wenn das sittliche Empfinden meiner Mitbürger sogar vor meiner Handlungsfreiheit in den eigenen vier Wänden Vorrang genießen würde. Die Einschränkung meiner

Handlungsfreiheit ist jedoch ganz offensichtlich, wertmäßig betrachtet, nur sehr geringfügig und deshalb hinnehmbar, wenn ich mich lediglich in der Öffentlichkeit nicht sexuell betätigen darf. Im Fall etwa eines gemeinsamen Konzerts von Männern und Frauen, das Anstoß erregen würde, sähe die Sache sicher anders aus; denn hier fehlt es den Akteuren an einer gleichwertigen Alternative.

Es wäre im Übrigen verfehlt zu denken, ein Abwehrrecht dürfe lediglich zugunsten eines anderen Abwehrrechts verletzt werden. Auch ein Anspruchsrecht wie das Recht auf Hilfeleistung oder das Recht auf eine gewisse Grundversorgung (Rechte, die im nächsten Abschnitt zur Debatte stehen) kann unter Umständen vor einem Abwehrrecht wie dem Eigentumsrecht Vorrang genießen. Wenn ich ein Kleinkind nur dadurch vor dem Tode retten kann, dass ich in einer brennenden Wohnung die Tür einschlage, so darf ich offenbar das Eigentumsrecht verletzen. Und außerdem können im Prinzip auch notwendige Sozialprojekte wie der Bau einer Straße Eingriffe in das Eigentumsrecht rechtfertigen.

Auch das Recht auf Freiheit kann gewiss in vielfältiger Hinsicht eingeschränkt werden; so muss das Recht auf Vertragsfreiheit etwa dann zurücktreten, wenn durch einen Vertragsabschluss eine wirtschaftliche Monopolstellung droht, die für die Gesellschaft insgesamt von Schaden ist. Ganz allgemein muss gerade beim Recht auf Freiheit stets Folgendes berücksichtigt werden: Anders als das Leben und die körperliche Unversehrtheit kann die Freiheit – zumindest in einigen ihrer Formen und Konsequenzen – für die verschiedenen Menschen von ganz unterschiedlichem Wert sein. So ist eine Freiheit, die ich etwa aus gesundheitlichen oder finanziellen Gründen nicht nutzen kann, für mich wertlos. Und ebenso wertlos ist für mich eine Freiheit, an deren Nutzung ich gar nicht interessiert bin. Insofern dürfen Freiheiten sicher dann eher eingeschränkt werden, wenn sie praktisch für niemanden einen nennenswerten Wert haben.

Ich möchte sicher nicht behaupten, dass sich in fast allen Fällen der oben genannten Art intersubjektiv überzeugend begründen lässt, ob die Verletzung eines bestimmten Abwehrrechts vertretbar ist oder nicht. Dürfte man in einem fiktiven Fall etwa einen einzigen unschuldigen Menschen gezielt töten, wenn man nur so das Leben von zehntausend unschuldigen Menschen retten könnte? Oder darf man in einem realistischen Fall einem Menschen zwar ohne Gefahr für seine Gesundheit, aber gegen seinen Willen Blut abnehmen, wenn man nur so das Leben eines Unfallopfers retten kann?

Es gibt eine Vielzahl solcher und ähnlicher Fragen, zu denen man zweifellos unterschiedlich Stellung beziehen kann. Mir geht es im vorliegenden Zusammenhang allein um Folgendes: 1. Die vier oben genannten zentralen Grundrechte wie das Recht auf Leben, das Recht auf körperliche Unversehrtheit, das Recht auf Freiheit und das Eigentumsrecht – verstanden als Abwehrrechte – sind für das Wohlergehen praktisch jedes Bürgers unverzichtbar und insofern intersubjektiv begründet. 2. Diese Grundrechte sind prinzipiell nicht als absolut, sondern als prima facie geltende Rechte zu verstehen, die jeweils unter besonderen Umständen verletzt werden dürfen. Auch in dieser Hinsicht wird in Kapitel IV das Recht des Eigentums noch besonders zur Diskussion stehen.

2

Die Anspruchsrechte

Gibt es neben den angesprochenen vier Abwehrrechten vielleicht auch Grundrechte in Form von Anspruchsrechten, also von Rechten auf ein Handeln anstelle eines Unterlassens, die sich intersubjektiv überzeugend begründen lassen? Diese Frage ist mit Sicherheit schwieriger zu beantworten als die Frage nach den begründeten Abwehrrechten. Denn die mit einem Anspruchsrecht verbundene Pflicht, die Pflicht zu einem bestimmten Handeln, ist in der Regel viel anspruchsvoller als die mit einem Abwehrrecht verbundene Pflicht, die Pflicht zu einem bestimmten Unterlassen.

Es kostet mich im Normalfall gar nichts, ein bestimmtes Kind nicht zu töten, also das Abwehrrecht des Kindes auf Leben zu respektieren; doch es kostet mich Zeit, Anstrengung und vielleicht auch noch eine Beeinträchtigung der Gesundheit, etwa ein vom Ertrinken bedrohtes Kind aus einem See zu retten, also das mögliche Anspruchsrecht des Kindes auf Leben zu respektieren. Nozick verneint ein solches Anspruchsrecht auf Leben. Eine mir auferlegte *Pflicht*, das ertrinkende Kind zu retten, ist für ihn gleichbedeutend mit einer Instrumentalisierung meiner Person – was freilich nicht heißen soll, dass es mir nicht überlassen sein soll, das Kind *freiwillig* zu retten (siehe Nozick, S. 468). Was ist dazu zu sagen?

Beginnen wir mit einem ganz anderen, von niemandem bestrittenen Anspruchsrecht. Ich meine das Recht auf Erfüllung eines geschlossenen Vertrages. Wenn ich mit einem Handwerker einen Vertrag geschlossen habe, dass ich ihm für eine bestimmte Arbeit einen bestimmten Geldbetrag zahle, und er die Arbeit verrichtet hat, hat er ein Recht darauf, dass ich ihm den vereinbarten Betrag zahle. Dieses Recht, das offensichtlich ein Recht auf ein bestimmtes Handeln und insofern durchaus ein Anspruchsrecht ist, wird gewöhnlich für selbstverständlich gehalten. Trotzdem bedarf es wie jedes Recht, das mit einer entsprechenden Pflicht verbunden ist, einer Begründung. Die Tatsache *allein*, dass derjenige, den die Pflicht zur Vertragserfüllung trifft, den Vertrag zuvor freiwillig geschlossen hat, reicht zur Begründung nicht aus. Insofern hängt ohne eine solche Begründung auch jede «Vertragstheorie der Gerechtigkeit», ob auf hypothetischer oder realer Basis, förmlich in der Luft. Auch die Unterhaltspflicht von Eltern gegenüber ihren Kindern kann nicht allein damit begründet werden, dass die Eltern die Kinder freiwillig gezeugt haben. Und dass eine auf Lebenszeit geschlossene Ehe einseitig auflösbar ist, hält man heute für selbstverständlich.

Trotzdem ist das Recht auf Vertragserfüllung (als Prima-facie-Recht) von allen Anspruchsrechten wohl am einfachsten zu begründen. Denn es ist offenkundig: Jeder profitiert aufs Ganze gesehen davon, dass abgeschlossene Verträge prinzipiell eingehalten werden müssen. Natürlich stünde ich als Mieter besser dar, wenn ich die mit dem Eigentümer vereinbarte Miete gar nicht zahlen müsste. Doch mit welchen Nachteilen hätte ich auf längere Sicht wohl zu rechnen, wenn sämtliche meiner Vertragspartner auch *ihren* Verpflichtungen nicht nachkommen müssten? Das gesamte soziale System des Güteraustausches und der Arbeitsteilung würde zusammenbrechen, und jeder würde letzten Endes weit schlechter dastehen als unter der Bedingung einer allgemeinen Akzeptanz des Anspruchsrechts auf Vertragserfüllung.

Wer aber das Recht auf Vertragserfüllung akzeptiert, kann konsequenterweise nicht mehr von vornherein meinen, als Grundrechte einer gerechten Gesellschaft kämen ausschließlich Abwehrrechte in Betracht. Und wenn es grundsätzlich zu einem Anspruchsrecht führen kann, dass Menschen – in Form eines Vertrages – eine Vereinbarung getroffen haben, warum kann es dann nicht grundsätzlich auch zu diesem oder jenem weiteren Anspruchsrecht führen, dass Menschen in der Weise sozial zusammenleben, dass sie sowohl vertraglich miteinander kooperieren als auch gewisse Abwehrrechte untereinander akzeptieren? Natürlich muss es für jedes einzelne ins Spiel gebrachte Grundrecht im Sinne eines Anspruchsrechts intersubjektiv nachvollziehbare Gründe geben.

Betrachten wir also das oben thematisierte Anspruchsrecht auf Leben. Lässt es sich begründen, jedem Mitglied der Gesellschaft – zusätzlich zu den vier oben genannten Abwehrrechten und dem Anspruchsrecht auf Vertragserfüllung – ebenfalls ein Anspruchsrecht auf Leben zuzubilligen? Zunächst einmal: Was bedeutet überhaupt ein «Anspruchsrecht auf Leben»? Ich möchte unter diesem Anspruchsrecht das Recht verstehen, mit jenen Grundgütern versorgt zu werden, die für jeden Menschen die notwendige Voraussetzung eines gelungenen, glücklichen Lebens sind, das heißt also mit einer ausreichenden Ernährung, mit einer erträglichen Unterkunft und mit einer im Notfall zur Verfügung stehenden medizinischen Versorgung.

So gesehen, verstehe ich unter dem «Anspruchsrecht auf Leben» nicht nur das Recht, am Leben gehalten zu werden, also in irgendeiner Form das Weiterleben oder Überleben gesichert zu bekommen, sondern darüber hinaus auch das Recht, ein – jedenfalls im Wesentlichen – *zufriedenes* Leben führen zu können. Ein Leben ohne ausreichende Ernährung und Unterkunft oder ein Leben in permanenter schlimmer Krankheit ist so gesehen sicher kein zufriedenes Leben. Wenn ich im Folgenden von dem Recht, dem Anspruchsrecht auf Leben spreche, meine ich deshalb stets das Recht auf ein in der genannten Hinsicht zufriedenes Leben.

Prinzipiell sehe ich keinen Grund, wirklich *jedem* Bürger ein Recht auf Leben im Sinne der genannten Grundgüter einzuräumen. Warum soll jemand, der diese Grundgüter bereits besitzt bzw. sich mit seinem vorhandenen Vermögen oder durch seiner Hände Arbeit problemlos beschaffen kann, aber vielleicht zu faul zum Arbeiten ist, derart von der Gesellschaft, also von seinen Mitbürgern versorgt werden? Würden in einer solchen Gesellschaft überhaupt noch viele jener Menschen, die durch normale Arbeit kaum mehr als ihre Grundversorgung sicherstellen können, diese Arbeit auch leisten wollen? Wohl kaum.

Etwas ganz anderes ist es, nur jenen Menschen das Recht auf die genannten Grundgüter einzuräumen, die aus nachvollziehbaren Gründen – wie fehlendes Vermögen, Alter, Krankheit, Behinderung, fehlendes Arbeitsangebot – *nicht dazu in der Lage* sind, sich diese Grundgüter selber zu beschaffen. Ich bezeichne diese Menschen, die aus solchen Gründen unfähig dazu sind, ihre Armut selber zu überwinden, im Folgenden auch als «unfreiwillig arm».

Genau diese Menschen sind es im Übrigen auch, die in dem entscheidenden, *absoluten* Sinn des Wortes wirklich als «arm» zu bezeichnen sind. In einem ganz anderen, nämlich *relativen* Sinn des Wortes sind «arm» dagegen jene Menschen, die innerhalb der Gesellschaft, in der sie leben, entweder die am schlechtest Gestellten sind oder zumindest deutlich unter dem Durchschnittswert dieser Gesellschaft liegen. («Arm» in diesem Sinn wären also auch jene Geringstverdiener in einer Gesellschaft von Multimillionären, die auf 100 000 Euro im Jahr kommen. Und relativ «arm» sind auch alle jene Menschen, deren gerechte Behandlung im nächsten Kapitel zur Debatte steht.) Dabei gibt es in vielen Gesellschaften natürlich auch Menschen (man denke an Afrika), die sowohl im absoluten als auch im relativen Sinn des Wortes als «arm» zu bezeichnen sind. Im Folgenden verstehe ich «Armut», wenn nicht ausdrücklich anders gesagt, stets im absoluten Sinn.

Warum, so lautet die entscheidende Frage, soll die Gesellschaft also jenen Bürgern, die in dem oben angegebenen Sinn unfreiwillig arm sind, die genannten Grundgüter bereitstellen? Es gibt meines Erachtens zumindest drei gute Gründe, die für eine Gerechtigkeitsnorm, die diese Forderung enthält, sprechen.

Erstens haben jene Menschen, für die ein zufriedenes Weiterleben außerhalb ihrer eigenen Möglichkeiten liegt, kaum noch einen ausreichenden Grund, die vier oben genannten Abwehrrechte uneingeschränkt zu akzeptieren. Denn warum soll ich fremdes Eigentum respektieren, wenn ich selber weder nennenswertes Eigentum besitze noch in absehbarer Zeit erwerben kann und insofern von dem Diebstahlverbot in keiner Weise profitieren kann? Und warum soll ich im Kampf ums Dasein fremdes Leben respektieren, wenn mir selber jede Sicherheit des Lebens fehlt? Ob meine Mitbürger mich töten oder verhungern lassen, läuft im Ergebnis doch auf dasselbe hinaus. Warum also soll ich unter diesen Bedingungen nicht notfalls sogar einen Raubmord begehen? Und Entsprechendes gilt ebenfalls für die Abwehrrechte auf körperliche Unversehrtheit und auf Freiheit.

Das bedeutet: Es fehlt unter der genannten Bedingung an einer überzeugenden intersubjektiven Begründung der vier zentralen Abwehrrechte. Die unfreiwillig Armen haben weder einen ausreichenden Grund, sich überhaupt für eine soziale und rechtliche Geltung einschließlich einer Sanktionierung der entsprechenden Pflichten einzusetzen, noch haben sie einen ausreichenden Grund, diese Pflichten, sofern sie gleichwohl allgemein in Geltung sind, außer im Fall unmittelbar drohender Sanktionen zu befolgen. Und das Gleiche gilt natürlich auch für die oben angesprochene Pflicht zur Vertragserfüllung. Warum soll ein unfreiwillig Armer nicht etwa auch dann einen Mietvertrag abschließen, wenn er zwar weiß, dass er die Miete nicht wird zahlen können, aber den Vermieter darüber zu täuschen vermag?

Kurzum: Von einer Gesellschaft, in der sämtliche Mitglieder vernünftigerweise bereit sein können, zum eigenen Nutzen einander zu respektieren und friedlich miteinander zu kooperieren, kann unter der Bedingung unfreiwilliger Armut nicht die Rede sein. Dabei haben nicht nur die Armen, sondern aus Furcht vor Gewaltaktionen der Armen eben auch die Reichen allen Grund, die Stabilität einer solchen Gesellschaft herzustellen bzw. zu erhalten. Und wer zur Verhinderung von Gewalt bereit ist, die staatliche Polizei durch seine Steuern zu finanzieren, sollte schon aus diesem Grund auch prinzipiell bereit sein, die unfreiwillige Armut in seiner Gesellschaft zu bekämpfen.

Der zweite Grund, die betreffenden in Armut lebenden Bürger mit den Grundgütern zu versorgen, dürfte der folgende sein: Nicht wenige Bürger der Mittel- und Unterschicht können keineswegs sicher sein, dass sie nicht selber – etwa wegen Krankheit oder Arbeitslosigkeit – eines Tages in Armut fallen. Also liegt es auch dann, wenn es ihnen selber zurzeit gut geht, durchaus in ihrem eigenen, langfristigen Interesse, dass unfreiwillige Armut in ihrer Gesellschaft nicht geduldet wird. Damit geht in der Gesellschaft also die Zahl derer, die selber ein Interesse an einer gesicherten Grundversorgung der unfreiwillig Armen haben, über die Zahl der zurzeit von solcher Armut unmittelbar Bedrohten weit hinaus.

Und als dritter Grund für die betreffende Grundversorgung scheint mir auch noch der folgende Gesichtspunkt ein gewisses Gewicht zu haben: Die meisten Menschen sind nicht totale Egoisten. Außer ihren oft recht weitgehenden altruistischen Gefühlen für das Wohl ihrer Verwandten und Freunde haben sie nicht selten jedenfalls auch ein *gewisses* Mitgefühl mit extremem Leid ihrer Mitmenschen. Wenn das zutrifft, würde es aber bedeuten, dass sie bei näherer Betrachtung auch die ebenso lebensbedrohliche wie unüberwindbare Armut ihrer Mitmenschen als nicht hinnehmbar betrachten werden.

Man stelle sich folgenden Fall vor: Ein Kleinkind, dessen Eltern bei einem Verkehrsunfall ums Leben gekommen sind, braucht jahrelange fremde Hilfe, um überleben und sich entwickeln zu können. Soll diese Hilfe wirklich allein davon abhängen (wie Nozick annehmen muss), dass es Menschen gibt, die freiwillig bereit sind, über Jahre den Unterhalt und die Erziehung des Kindes in eigener Verantwortung zu übernehmen? Natürlich wäre es auch denkbar, dass großzügige Menschen freiwillig Hilfsorganisationen gründen bzw. gegründet haben, die sich in professioneller Weise um solche und ähnliche Fälle kümmern. All dieses ändert aber nichts daran, dass besagtes Kind unter diesen Umständen jedenfalls keinerlei durchsetzbares *Recht* auf Leben bzw. Hilfe hätte und dass es letztlich eine Sache glücklichen Zufalls wäre, ob sich aufmerksame und hilfsbereite Menschen in seiner Umgebung aufhalten oder nicht.

Mir scheint, dass die drei genannten Gründe für die große Mehrzahl der vernünftigen Menschen durchaus ausreichend sein dürften, jedem Mitbürger, der unfreiwillig in absoluter Armut lebt, ein Recht auf Leben in dem oben ausgeführten Sinn einer Bereitstellung von Ernährung, Unterkunft und medizinischer Versorgung einzuräumen. Zu einem so verstandenen Anspruchsrecht auf Leben sei noch Folgendes angemerkt.

Erstens kann es natürlich Gesellschaften geben, denen es insgesamt so schlecht geht, dass ein solches Anspruchsrecht nicht realisierbar ist. Innerhalb einer Gesellschaft, in der alle oder fast alle Menschen arm sind, lässt sich die Armut auch nicht bekämpfen. Zweitens lässt sich sicher nicht mit letzter Präzision angeben, worin die genannte Grundversorgung zur Sicherung des Lebensrechtes im Einzelnen bestehen und wie weit sie gehen muss. Dabei spricht alles dafür, die Antwort auf diese Fragen bis zu einem gewissen Grade auch von dem Gesamtwohlstand der betreffenden Gesellschaft abhängig zu machen. Das bedeutet jedoch nicht, dass die Begriffe der drei genannten Versorgungsleistungen etwa völlig gehaltlos wären oder *ausschließlich* in Relation zum Wohlstand der jeweiligen Gesellschaft einen Sinn ergäben. Es gilt weiterhin: Einem nur relativ und nicht absolut armen Menschen in einer reichen Gesellschaft steht kein Recht auf eine soziale Grundversorgung zu (siehe schon S. 49 f.).

Insofern möchte ich betonen, dass das Anspruchsrecht auf Leben oder Grundversorgung nach der hier vertretenen Sichtweise keineswegs eine Forderung der Verteilungs-, sondern der Grundgerechtigkeit ist. Denn es ist – zumindest in seinem Kernbereich – unabhängig vom Wohlstand der übrigen Schichten der betreffenden Gesellschaft. Es geht hier ja nicht darum, irgendwelche Unterschiede in der Gesellschaft auszugleichen, sondern darum, *jedem* Bürger, der über eine bestimmte relevante Eigenschaft – die unfreiwillige Armut – verfügt, einen bestimmten Anspruch zu gewähren. Dass nicht jedem Bürger schlechthin – wie beim

Abwehrrecht auf Leben – dieser Anspruch gewährt wird, steht dem nicht entgegen. Auch etwa das demokratische Wahlrecht erhält ja nicht jeder Bürger schlechthin, sondern nur der Bürger, der erwachsen ist, da nur er über die für dieses Recht relevante Eigenschaft oder Fähigkeit verfügt.

In diesem Zusammenhang sei noch darauf hingewiesen, dass die staatliche Gewährung einer Grundversorgung auch ein Argument dafür darstellt, dass den Bürgern für eine normale Tätigkeit jedenfalls ein (über die Höhe der Grundversorgung hinausgehender) Mindestlohn gezahlt wird – ein Mindestlohn, der sie vor dem Absturz in die Armut bewahrt und damit jede Grundversorgung überflüssig macht. Es ist nämlich nicht einzusehen, warum der Staat bzw. der Steuerzahler für die Aufstockung eines Lohnes aufkommen soll, den der betreffende Arbeitgeber zur Erhöhung seines Profits beliebig minimiert. Natürlich mag es auch vorkommen, dass ein Arbeitgeber auf die Einstellung eines Arbeiters zu dem festgesetzten Mindestlohn lieber verzichtet oder verzichten muss, so dass damit die Arbeitslosigkeit ansteigt. Trotzdem erscheint es mir konsequenter, den Anreiz zur Ausbeutung zu bekämpfen anstatt jeden Anreiz zur Beschäftigung zu stärken.

An welche weiteren Anspruchsrechte von Bedeutung außer dem Recht auf Leben könnte man denken? Häufig wird im Rahmen einer Gerechtigkeitstheorie die Forderung nach einem allgemeinen Recht auf Chancengleichheit erhoben. Was ist unter dieser Forderung näher zu verstehen, und lässt sich diese Forderung begründen?

Manchmal wird die Forderung so verstanden, dass allen Menschen bzw. Bürgern im Sinn der Verteilungsgerechtigkeit gleiche Chancen im Sinne gleicher Ausgangsbedingungen für ein erfolgreiches Leben bereitgestellt werden sollen. Eine solche Forderung lässt sich jedoch in keiner Weise begründen. Welchen Grund könnte denn wohl ein geborener 100-m-Läufer haben, auf seine Erfolgsaussichten zugunsten eines von Natur zweitklassigen

Läufers, der zum Ausgleich doppelt so viel wie er trainiert, einfach zu verzichten, um so zwischen beiden Läufern Chancengleichheit herzustellen? Soll er vielleicht bei jedem zweiten gemeinsamen Lauf absichtlich den Gegner gewinnen lassen? Und wäre dies etwa im Sinn der Zuschauer, die Eintritt bezahlt haben, um wenn möglich einen neuen Landesrekord zu erleben?

Doch es gibt nicht nur keinen Grund, warum die von Natur Bevorteilten auf ihre Erfolgschancen zugunsten der Benachteiligten freiwillig verzichten sollten. Die Forderung nach Herstellung von Chancengleichheit ist in den meisten Kontexten auch überhaupt nicht umsetzbar. So wüsste ich wirklich nicht, wie es sich erreichen ließe, dass jemand wie ich die gleichen Chancen auf den beruflichen Erfolg und das Einkommen erhält, wie sie ein Starphilosoph wie etwa Peter Sloterdijk unter anderem seinen naturgegebenen Fähigkeiten verdankt. Selbst wenn es (etwa gemäß der Rawls'schen Gerechtigkeitstheorie) eine Gleich- bzw. Umverteilung des Einkommens zu meinen Gunsten gäbe, würde das an dem unvergleichbaren sozialen Ansehen der beiden Personen nichts ändern. Und selbst wenn ein Peter Sloterdijk ernstlich versuchen würde, sich im Reden und Schreiben, um Gerechtigkeit zu üben, auf mein niedrigeres Niveau zu begeben: Ich kann mir nicht vorstellen, dass ihm dies überhaupt möglich wäre.

Oder wie könnte man die deutsche Durchschnittsfrau auf das Schönheits- und das dementsprechende Wohlstandsniveau einer Claudia Schiffer oder Heidi Klum bringen? Vielleicht durch «Schönheitsoperationen» unserer Frauen? Dann wohl schon eher durch «Häßlichkeitsoperationen» der berühmten Fotomodelle. Doch solche Operationen wären ohne Zustimmung der Betroffenen zweifellos ein gravierender Verstoß gegen ihr Abwehrrecht auf körperliche Unversehrtheit und deshalb unzulässig. Kurzum: Zwischen Menschen mit unterschiedlichen natürlichen Begabungen und Fähigkeiten *kann* man in der Regel auf eine realistische ebenso wie legitime Art und Weise gar keine Chancengleichheit herstellen.

Etwas weniger problematisch könnte es freilich erscheinen, Chancengleichheit in dem Sinn herzustellen, dass alle Menschen mit denselben *naturgegebenen* Möglichkeiten oder Fähigkeiten auch die gleichen *sozialen* Möglichkeiten zur Ausbildung dieser Fähigkeiten und damit die gleichen realen Erfolgsaussichten erhalten. Um dieses Ziel zu erreichen, müsste man sicherstellen, dass der dritte der fünf auf S. 82 genannten Faktoren, die zusammen entscheidend für ein erfolgreiches, gelungenes Leben sind, nämlich der Faktor der sozialen Gegebenheiten, bei den jungen, auszubildenden Menschen vollkommen eingeebnet würde. Das heißt, man müsste alle Menschen einer Gesellschaft in den gleichen sozialen Verhältnissen aufwachsen lassen. Zu diesem Zweck müsste man alle Kinder unmittelbar nach der Geburt ihren Eltern dauerhaft wegnehmen, sie über ihre Herkunft in Unkenntnis lassen und sie in staatlichen Anstalten, die alle gleich ausgestattet sind, aufziehen und unterrichten. Dann würde der erzielte Erfolg der verschiedenen Menschen wegen der anderen vier Faktoren, die erfolgsrelevant sind, zwar immer noch gewaltig sein, in sozialer Hinsicht jedoch bestünde, so könnte man meinen, tatsächlich Chancengleichheit.

Doch selbst diese soziale Chancengleichheit wäre nur eine begrenzte. Sie würde nämlich aufgrund der gleichförmigen Ausbildung aller Heranwachsenden zwar allen Personen mit genau *derselben* Begabung die gleichen Erfolgsaussichten verschaffen. So hätten etwa zwei mathematisch gleichbegabte Jugendliche die gleichen Aussichten, erfolgreiche Mathmatiklehrer zu werden. Sie würde aber nicht ohne Weiteres auch Personen mit inhaltlich ganz *unterschiedlicher* Begabung die gleichen Aussichten geben, diese unterschiedliche Begabung in gleichem Maße auszubilden. Es ist nämlich erstens schwer vorstellbar, dass ausgerechnet in einem staatlichen Erziehungs- und Bildungssystem die speziellen

Begabungen jedes einzelnen Kindes – von der Begabung als Fotomodell über die Begabung als Politikerin bis hin zur Begabung als Musikerin – hinreichend ermittelt und festgestellt werden könnten. Und es ist zweitens ebenso schwer vorstellbar, dass auf Basis dieser Feststellung etwa eine begabte Tennisspielerin oder Geigerin realistischerweise in gleichem Maße gefördert werden könnte wie eine begabte Journalistin oder Politikerin. Beide Zielvorgaben erscheinen vielmehr als einigermaßen utopisch. Wirklich gleiche Chancen oder Erfolgsaussichten in ihrem jeweiligen Metier erhielten unter diesen Umständen wohl allenfalls die Gleichbegabten für die gängigen Allerweltsberufe.

Doch ganz abgesehen davon: Ein solches Konzept staatlicher Bildung steht sicher nicht im Einklang mit den Interessen der meisten Eltern und Kinder, die in einer engen Familienbindung miteinander leben möchten. Und dies dürfte auch auf die Angehörigen der sozialen Unterschicht, die von diesem Konzept ja vielleicht profitieren könnten, durchaus zutreffen. Jedes andere Bildungskonzept jedoch, das die Heranwachsenden *nicht* konsequent von ihren Eltern trennt, hat von vornherein mit wirklicher Chancen*gleichheit* nichts zu tun und dient allenfalls einem gewissen Abbau von Chancen*ungleichheit*. Dies gilt insbesondere auch für das Konzept einer allgemeinen Schul- sowie Kindergartenpflicht – und zwar selbst dann, wenn private Schulen sowie Kindergärten sogar verboten sind.

Dass die Kinder eines Millionärs gemeinsam mit Arbeiterkindern die Schule besuchen müssen, schließt ja nicht aus, dass die Millionärskinder im Übrigen – um nur einige Beispiele zu nennen – von einem eigenen Arbeitszimmer, einem zusätzlichen Privatlehrer, einem eigenen Tennisplatz, Klavierunterricht am eigenen Flügel und diversen Auslandsaufenthalten in den Ferien profitieren. Zur Verwirklichung von Chancengleichheit müssten alle diese unterstützenden Maßnahmen seitens der Eltern, ja sogar der Bildungseinfluss durch die Eltern selbst (man denke etwa an das Privileg eines philosophisch begabten Kindes, einen Peter Sloterdijk oder Jürgen Habermas zum Vater zu haben) verboten sein.

Ja, unter Umständen kann die allgemeine Schulpflicht sich sogar negativ auf die Chancengleichheit auswirken. Denn sie hindert den begabten «Geistesmenschen» ja gerade daran, seine kostbare Zeit der Ausbildung seiner spezifischen Begabung zu widmen, indem sie ihm stattdessen das auf den Durchschnittsschüler zugeschnittene staatliche Bildungsprogramm aufoktroyiert. Auch ist zu bedenken: Der soziale Faktor, der die Chancen mitbestimmt, ist keineswegs immer reduzierbar auf das materielle Vermögen der Eltern. So genießen vermutlich manche Kinder von Lehrern in der Familie eine deutlich bessere Förderung ihrer Talente als manche Kinder reicher Unternehmer.

Schließlich sei noch auf den folgenden grundlegenden ethischen Einwand gegen die Herstellung von sozialer Chancengleichheit hingewiesen. Angenommen, ich stamme selber aus armen Verhältnissen und habe mir meinen gegenwärtigen Reichtum durch Fleiß und harte Arbeit erwirtschaftet. Dann habe ich doch offenbar das Recht, mein selbstverdientes Geld für beliebige legale Zwecke auszugeben: Ich darf mir etwa mehrere Oldtimer und ein Privatflugzeug kaufen, mir eine Finca auf Mallorca bauen, aber auch eine Behindertenstiftung gründen oder ein Tierheim finanzieren. Das Einzige jedoch, was ich mit meinem Geld gemäß dem Konzept der Chancengleichheit *keinesfalls* tun darf, ist, in irgendeiner Weise positiv auf die Ausbildung und die beruflichen Möglichkeiten meiner überdurchschnittlich begabten Kinder Einfluss zu nehmen. Denn dadurch würde ich ja ausdrücklich einen Beitrag zur Chancen*ungleichheit* der jungen Generation leisten. So müsste ich es meinem Sohn geradezu verbieten, sich in meiner umfangreichen Bibliothek immer wieder Leseanregungen zu verschaffen, um so eines Tages vielleicht ein erfolgreicher Literaturkritiker zu werden. Wäre es aber nicht absurd, dass ich ausgerechnet für die eigenen Kinder kein Geld und keine Energie aufwenden dürfte? Daraus folgt: Wer für Chancengleichheit und gleichzeitig für den Erhalt der Familie eintritt, muss konsequenterweise als erste Bedingung eine total egalitäre Gesellschaft fordern.

Kurzum: Das angebliche Gerechtigkeitsziel der Herstellung einer umfassenden oder auch nur sozial ausgerichteten Chancengleichheit unter den Menschen ist ebenso unbegründet wie utopisch. Eine ganz andere Sache als die Herstellung von Chancengleichheit ist es jedoch, tatsächlich allen Heranwachsenden innerhalb der Gesellschaft das Recht auf eine *gewisse* Erziehung und Ausbildung zu garantieren, so dass sie die Möglichkeit haben, selbst im Fall schlechter Chancen aufgrund ihrer genetischen Ausstattung oder ihrer sozialen Verhältnisse sich im Prinzip eine berufliche Existenz und ein gelungenes Leben aufbauen zu können.

Ein solches Anspruchsrecht auf eine Grundausbildung liegt natürlich, wie leicht zu sehen ist, auf der gleichen Ebene wie das oben erörterte Anspruchsrecht auf Leben und ist prinzipiell derselben Begründung zugänglich wie dieses. Außerdem kommt hier noch das Argument hinzu, dass die Gesellschaft sich für diejenigen, die sie auf diese Weise hinreichend ausbilden, in der Regel die sonst anfallenden Kosten einer späteren Versorgung gemäß dem Anspruchsrecht auf Leben ersparen kann.

Auch hier wie beim Anspruchsrecht auf Leben geht es keineswegs darum, irgendwelche Menschen bzw. Gruppen von Menschen anderen Menschen gleichzustellen, sondern in erster Linie darum, *allen* Bürgern der eigenen Gesellschaft, soweit möglich, eine reelle Chance zu geben, auf der Basis ihrer gegebenen Fähigkeiten und Lebensumstände ein sinnvolles Leben zu führen. Auf diese Weise wird sichergestellt, dass in ihrer Unmündigkeit und Hilfsbedürftigkeit alle Kinder – nicht nur die Kinder der Armen, die eine private Finanzierung nicht aufbringen können, sondern auch die Kinder jener Reichen, die sich aus irgendwelchen Gründen um ihre Kinder nicht ausreichend kümmern – dieses Recht auf eine Grundausbildung erhalten. Dass dabei eben auch den *reichen* Eltern die Sorgepflicht ihren Kindern gegenüber jedenfalls zu einem Teil von der Gesellschaft abgenommen wird, ist unter der Bedingung hinnehmbar, dass diese Eltern für die Finanzierung dieses Bildungsprojektes im Wege einer gerechten Besteuerung einen angemessenen Beitrag zu zahlen haben.

Auch dieses Anspruchsrecht besitzt gewiss, und zwar noch stärker als das Anspruchsrecht auf Leben, eine gewisse Vagheit. So kann man natürlich darüber streiten, inwieweit die Gesellschaft den Begabten aus der Unterschicht außer der Schulausbildung auch etwa eine Universitätsausbildung nebst Lebensunterhalt finanzieren soll und inwieweit die Geförderten verpflichtet sein sollen, später diese Kosten wieder zu erstatten. Bei der Beantwortung solcher Detailfragen spielt gewiss auch hier der Gesamtwohlstand der jeweiligen Gesellschaft eine wichtige Rolle.

Manchmal wird von Chancengleichheit auch schon dann gesprochen, wenn es gar nicht darum geht, genetische oder soziale Unterschiede zu beseitigen bzw. auszugleichen, sondern wenn die Forderung bloß lautet, Menschen mit demselben Leistungsvermögen auf einem bestimmten Gebiet auch die gleiche Chance oder den gleichen Zugang zu einer Tätigkeit auf diesem Gebiet einzuräumen. Diese Forderung ist offenbar gleichbedeutend mit dem Verbot von Diskriminierung: Ein schwarzer Zeuge Jehovas muss bei gleicher Fähigkeit dieselbe Chance auf eine Hochschulprofessur haben wie ein weißer Katholik.

Diese Forderung erscheint erstens einigermaßen selbstverständlich und ist zweitens primär gar nicht als Forderung nach Einräumung von Chancengleichheit bzw. nach Gleichbehandlung zu verstehen. Es geht hier vielmehr in erster Linie darum, die Eigenschaften bzw. Fähigkeiten zu ermitteln und anzugeben, die für die Vergabe einer bestimmten Tätigkeit wie der eines Hochschulprofessors *relevant* sind, und erst in zweiter Linie

dann darum, das angegebene Kriterium im konkreten Fall unparteiisch zur Anwendung zu bringen. Gleiche Chancen stehen in
einem solchen Fall ja keineswegs allen Menschen oder allen Heranwachsenden zu, sondern nur exakt jenen Personen, die unter
das angegebene Kriterium fallen. Dass aber alle, die unter das
Kriterium fallen, dann auch wirklich die gleiche Chance erhalten
müssen, ist eine logische Konsequenz des Kriteriums. Natürlich
hat nicht jeder die Eignung und damit gerechterweise die Chance
für das Amt eines Hochschulprofessors, wenn auch Hautfarbe
und Religionszugehörigkeit für diese Eignung irrelevant sind.

Kurzum: Die Ermittlung dessen, was relevant für eine bestimmte Behandlung ist, hat mit Gleichheit nichts zu tun; und die
sich aus dem ermittelten Kriterium ergebende gleiche Behandlung mehrerer Menschen ist, richtig verstanden, lediglich eine
Forderung der formalen Gerechtigkeit oder Unparteilichkeit
(siehe schon S. 14 und S. 27 f.).

Interessant ist in diesem Zusammenhang zweifellos die Frage,
ob nicht nur die Gesellschaft als solche bzw. der Staat, sondern
auch der einzelne Bürger unter Umständen selbst dann in dem
genannten Sinn *nicht* diskriminieren darf, sondern sich an die für
eine Behandlung relevanten Kriterien halten muss, wenn ihn von
vornherein gar keine Pflicht zu *irgendeiner* Behandlung trifft
(vgl. S. 25). Bin ich zum Beispiel verpflichtet, in den Skatklub,
den ich mit meinen Freunden gründen will, auch Frauen, sofern
sie gut Skat spielen können, aufzunehmen? Ich meine nein.
Ist aber andererseits jemand, der ein Restaurant eröffnen will,
nicht doch verpflichtet, in diesem Restaurant auch Frauen und
Schwarze zu bewirten? Eine schwierige Frage; vielleicht kann
man sich in einem solchen Fall *gegen* die Zulassung einer Diskriminierung aussprechen mit dem Argument, dass ein Restaurant
erstens – für das Wohl von Menschen, die aus welchen Gründen
auch immer nicht zu Hause essen und trinken können – eine
wichtige Funktion erfüllt und dass ein Restaurant zweitens ja

auch in sonstiger Hinsicht gewissen rechtlichen Anforderungen und Überwachungen – wie etwa nach einer sauber geführten Küche – unterliegt.

3
Zusammenfassung

Es gibt zwar keine dem Menschen in einer außerempirischen, metaphysischen Realität vorgegebenen, absoluten Grundrechte, die seiner Erkenntnis zugänglich sind. Wohl aber gibt es einige elementare Grundrechte, deren soziale und rechtliche Akzeptanz und Sanktionierung – verstanden im Sinne einer Prima-facie-Geltung – im wohlverstandenen, fundamentalen Interesse jedes menschlichen Individuums liegt.

Dies sind zum einen die vier unverzichtbaren Abwehrrechte: das Recht auf Leben, das Recht auf körperliche Unversehrtheit, das Recht auf Freiheit und das Eigentumsrecht. Und dies sind zum anderen die drei zentralen Anspruchsrechte: das Recht auf Vertragserfüllung, das Recht der unfreiwillig Armen auf Leben im Sinne einer gewissen Grundversorgung und das Recht der Heranwachsenden auf eine gewisse Erziehung und Ausbildung der eigenen Fähigkeiten. Ziel der Anspruchsrechte ist es dabei nicht, irgendwelche Unterschiede in der Gesellschaft auszugleichen, sondern *jedem* Bürger die reale Möglichkeit zu verschaffen, erstens mit seinen Mitmenschen zum gegenseitigen Nutzen erfolgreich zu kooperieren und zweitens auch unabhängig von seinen genetischen und sozialen Vorgaben jedenfalls ein in wesentlicher Hinsicht gelungenes Leben zu führen. Das Ziel, allen Menschen ein *gleichermaßen* gelungenes, erfülltes Leben zu verschaffen, ist weder begründbar noch unter Wahrung der vier oben genannten Abwehrrechte auch nur ansatzweise erreichbar.

III
Die Forderung nach Gleichstellung

Kein anderer Denker hat auf die Frage nach der gerechten Gesellschaft in den letzten fünfzig Jahre einen solchen Einfluss ausgeübt wie der amerikanische Philosoph John Rawls (1921–2002). Nicht zufällig stellte Rawls sein 600 Seiten umfassendes, inzwischen längst zu einem Klassiker gewordenes sozialphilosophisches Hauptwerk aus dem Jahr 1971 unter den Titel «A Theory of Justice». Es bietet sich deshalb an, in der vorliegenden Untersuchung zum Thema der Gerechtigkeit die Position von Rawls ins Zentrum zu stellen.

Dabei ist zu bedenken, dass Rawls die Kernfragen sowohl der «Grundgerechtigkeit» als auch der «Verteilungsgerechtigkeit» behandelt. Ich werde meine folgenden Ausführungen jedoch primär auf jene Bereiche seiner Gerechtigkeitstheorie konzentrieren, durch die diese Theorie sich von anderen Gerechtigkeitstheorien am deutlichsten unterscheidet und die diese Theorie auch berühmt gemacht haben: auf seine weitgehend egalitäre «Verteilungsgerechtigkeit» und auf sein spezielles Begründungskonzept eines fiktiven Vertrages.

1
John Rawls' Vertragstheorie

Wie schon andere Philosophen vor ihm vertritt Rawls eine Vertragstheorie der Gerechtigkeit. Das heißt: Gerecht sind jene sozialen Normen und Institutionen, auf die sich die Mitglieder einer Gesellschaft vertraglich einigen. Diese Einigung ist laut Rawls allerdings nicht im Sinne einer *faktischen*, sondern einer *fiktiven* Einigung zu verstehen, das heißt im Sinne einer Einigung, die die Menschen nicht *tatsächlich* treffen bzw. getroffen haben, die sie aber unter gewissen hypothetischen Bedingungen treffen *würden*. Denn ohne Zweifel wäre es ja ganz unrealistisch, in einer modernen Großgesellschaft die tatsächliche Einigung sämtlicher Mitglieder der Gesellschaft zur Bedingung des Zustandekommens gerechter – und damit legitimer – sozialer Normen zu machen. Selbst wenn man in einer solchen Gesellschaft eine Abstimmung über alle Gerechtigkeitsfragen herbeiführen und sogar eine allgemeine Einigung erzielen würde, müsste man ja mit jedem neuen Mitglied einer nachwachsenden Generation einen neuen Vertrag schließen.

Wie aber lässt sich feststellen, auf welche Gerechtigkeitsprinzipien sich die Mitglieder einer Gesellschaft einigen *würden*? Wenn man die einzelnen Individuen, so wie sie wirklich denken, befragen würde, was sie für gerecht halten, käme man mit Sicherheit zu keiner einheitlichen Meinung. Nicht nur unsere Politiker, sondern gerade auch unsere Philosophen haben oft sehr unterschiedliche Vorstellungen davon, was gerecht ist.

Rawls ist jedoch der Meinung, dass die Menschen sogar aufgrund ihrer eigenen Interessen und Überzeugungen zu einem umfassenden Konsens kommen würden, *falls* sie ihre Gerechtigkeitsvorstellungen in einem normenlosen Urzustand unter einer ganz bestimmten, fiktiven Bedingung bilden würden. Diese Bedingung ist die eines hohen Maßes an Unwissen der Menschen über ihre jeweilige Situation – eine Bedingung, die Rawls als «Schleier des Nichtwissens» bezeichnet. Wenn wir uns vorstellen, die Menschen befänden sich hinter diesem «Schleier des Nichtwissens», dann würden sie, so Rawls, alle durchaus zu denselben wesentlichen Gerechtigkeitsvorstellungen gelangen (Rawls, S. 561 f.).

Diese Sichtweise wirft natürlich eine ganze Reihe von Fragen auf wie: Warum gerade dieser «Schleier des Nichtwissens», von dem Rawls ausgeht? Ja, warum überhaupt *irgendein* «Schleier des Nichtwissens»? Und würden die Menschen hinter Rawls' «Schleier des Nichtwissens» wirklich zu genau *jenem* Konsens über die Gerechtigkeit gelangen, den Rawls annimmt? Ja, würden die Menschen hinter Rawls' «Schleier» (wie ich verkürzend im Folgenden auch sagen werde) überhaupt zu *irgendeinem* Konsens über die Gerechtigkeit gelangen?

Bevor wir uns diesen entscheidenden Fragen zuwenden, müssen wir uns die einzelnen Thesen, die Rawls in diesem Zusammenhang aufstellt, sowie die Begründungen, die er für diese Thesen gibt, zunächst einmal genau vor Augen führen und klarmachen.

Beginnen wir mit der Funktion, die der «Schleier des Nichtwissens» im Einzelnen hat. Genau welches Wissen ist es, das der Rawls'sche «Schleier» verdeckt und mir als Bürger bei meiner Entscheidung für die Gerechtigkeitsprinzipien somit unverfügbar macht? Laut Rawls fehlt mir zu den folgenden Elementen möglichen Wissens der Zugang (siehe Rawls, S. 27 ff. und S. 159 ff.):

1. Ich habe keine Kenntnis über meine natürlichen Eigenschaften und Begabungen. Ich weiß also zum Beispiel nicht, ob ich Mann oder Frau, stark oder schwach, klug oder dumm, schön oder hässlich, mutig oder furchtsam, fleißig oder faul, machtbesessen oder gleichgültig, verschwenderisch oder sparsam bin.

2. Ich habe keine Kenntnis über meine Vorstellungen von einem für mich guten, gelungenen Leben. Ich weiß also nicht, welche persönlichen Bedürfnisse, Interessen, Ziele und Ideale ich habe.

3. Ich habe keine Kenntnis über meine soziale Stellung. Ich weiß also nicht, ob ich aus reichen oder aus armen Verhältnissen stamme, ob ich einen mich befriedigenden Beruf ausübe, ob ich viel oder wenig oder gar kein Geld verdiene, ob ich das Leben eines berühmten Prominenten, das eines unauffälligen Durchschnittsmenschen oder das eines isolierten Einzelgängers führe.

4. Ich habe keine Kenntnis über die Gesellschaft, in der ich lebe. Ich weiß also zum Beispiel nicht, unter welchen klimati-

schen, politischen, ökonomischen und kulturellen Bedingungen diese Gesellschaft existiert.

Es ist dieser sehr weitgehende «Schleier des Nichtwissens», der die Menschen in jenen fiktiven Urzustand versetzt, in dem sie laut Rawls in allgemeiner Übereinstimmung die gerechte Lösung für ihr Zusammenleben finden. Die einzige Kenntnis, die ihnen unter diesen Umständen noch verbleibt, ist die der gängigen *allgemeinen* Fakten über den Menschen und das menschliche Zusammenleben. Sie wissen also etwa, dass alle Menschen gewisse Grundbedürfnisse haben, dass alle Menschen ebenso einander verletzen wie miteinander kooperieren können, dass die Güter dieser Welt begrenzt sind und dass das Wirtschaftsleben gewissen Gesetzmäßigkeiten unterliegt.

Warum glaubt Rawls aber, dass die Menschen ausgerechnet hinter einem so verstandenen «Schleier» die gerechte Lösung für ihr Zusammenleben finden können? Die Idee ist, dass dieser «Schleier» dadurch, dass er den Menschen jegliches Wissen über ihre jeweiligen Eigenarten und Besonderheiten vorenthält, sie alle auf die gleiche allgemeinmenschliche Stufe stellt und ihnen so eine vollkommen unparteiische, faire Entscheidung ermöglicht – eine Entscheidung, die alle denkbaren Interessen eines jeden realen Menschen gleicherweise berücksichtigt.

Eine gerechte Entscheidung treffe ich danach also dann, wenn ich mich frage, welche Entscheidung ich im Urzustand rationalerweise unter der Bedingung treffen würde, dass ich mich in jeden möglichen Mitmenschen mit allen denkbaren Besonderheiten hineinversetze oder, anders gesagt, wenn ich mich frage, welche Entscheidung ich im Blick auf *mein eigenes* Wohlergehen treffen würde, wenn ich davon ausginge, dass ich in der realen Welt mit einer gleich großen Wahrscheinlichkeit jede denkbare Rolle irgendeines Mitmenschen zu spielen hätte.

Weil nun aber bei ihren Entscheidungen hinter dem «Schleier» *alle* Menschen gleicherweise von sämtlichen persönlichen Besonderheiten absehen müssen, werden, so Rawls, auch *alle* Menschen bei diesen Entscheidungen zu genau denselben Gerechtigkeitsprinzipien kommen. Rawls glaubt also, dass sich auf diese Weise auf philosophischem Wege eine für alle Menschen, also eine intersubjektiv geltende *Begründung* dessen, was gerecht ist, geben lässt.

Interessanterweise fügt Rawls dieser Begründung durch den «Schleier des Nichtwissens» noch eine andere Begründung hinzu. Sie lautet etwa wie folgt (siehe Rawls, S. 65 ff.): Wir alle geben im Alltag häufig mehr oder weniger konkrete Gerechtigkeitsurteile ab, die auf unseren spontanen Gefühlen oder Intuitionen beruhen. Wenn wir diese konkreten Urteile nun aber dadurch, dass wir sie in ein stimmiges, kohärentes «Überlegungsgleichgewicht» bringen, auf eine überschaubare Anzahl von «wohlerwogenen» Gerechtigkeitsurteilen zurückführen, stellen wir fest, dass diese «wohlerwogenen» Gerechtigkeitsurteile mit jenen Gerechtigkeitsprinzipien, für die wir uns hinter dem «Schleier des Nichtwissens» entschieden haben, voll in Einklang stehen.

Das Fairnesskonzept der Gerechtigkeit hinter dem «Schleier des Nichtwissens» findet danach eine weitere Rechtfertigung durch die Tatsache, dass dieses Konzept zu Gerechtigkeitsprinzipien führt, auf die bereits unsere alltäglichen Gerechtigkeitsvorstellungen bei genauer Betrachtung hinweisen. Dabei geht Rawls offenbar davon aus, dass zwischen den «wohlerwogenen» Gerechtigkeitsurteilen der verschiedenen Menschen ebenso wie zwischen ihren hinter dem «Schleier» gewählten Gerechtigkeitsprinzipien volle Übereinstimmung besteht.

Hat Rawls mit diesen Annahmen recht? Bevor ich hierzu Stellung nehme, möchte ich den Leser zunächst damit vertraut machen, wie die Grundsätze der Gerechtigkeit im Einzelnen lauten, die Rawls mit seiner Methode des «Schleiers» – unterstützt durch unsere «wohlerwogenen» Alltagsurteile – begründen zu können glaubt.

Laut Rawls entscheiden sich die Menschen in dem fiktiven Urzustand hinter dem «Schleier» für die folgenden beiden Grundsätze der Gerechtigkeit (Rawls, S. 336):

1. Jeder hat das gleiche Recht «auf das umfangreichste Gesamt-
system gleicher Grundfreiheiten, das für alle möglich ist».

2. Soziale und wirtschaftliche Ungleichheiten sind nur dann
gerechtfertigt, wenn sie

a) «den am wenigsten Begünstigten den größtmöglichen Vorteil bringen» und

b) mit Ämtern und Positionen verbunden sind, «die allen gemäß fairer Chancengleichheit offenstehen».

Grundsatz 1 soll dabei laut Rawls Vorrang vor dem gesamten
Grundsatz 2, und Grundsatz 2 b soll Vorrang vor Grundsatz 2 a
haben. Das heißt: Weder Grundsatz 2 a noch Grundsatz 2 b darf
verwirklicht werden, sofern Grundsatz 1 dadurch verletzt würde.
Und Grundsatz 2 a darf außerdem dann nicht verwirklicht werden, sofern Grundsatz 2 b dadurch verletzt würde.

Wie sind diese Rawls'schen Gerechtigkeitsgrundsätze näher zu
verstehen? Grundsatz 1 ist in seiner allgemeinen Bedeutung leicht
nachvollziehbar. Er betrifft zumindest einige jener Gerechtigkeitsnormen, die ich als Normen der «Grundgerechtigkeit» bezeichnet habe (siehe S. 16 f.). Es erscheint auch durchaus plausibel, dass sich die Menschen hinter dem «Schleier» für Grundsatz
1 entscheiden würden. Allerdings habe ich schon dafür argumentiert (in Kapitel II), dass die Menschen sich auch ohne «Schleier»,
also auf der Basis ihres tatsächlichen Wissens über ihre jeweilige
Lage, für gewisse Grundfreiheiten einer «Grundgerechtigkeit»
entscheiden würden. Außerdem spricht einiges dafür, dass zur
«Grundgerechtigkeit» auch Grundrechte gehören, die über bloße
Freiheitsrechte deutlich hinausgehen. Man denke in diesem Zusammenhang etwa an ein Grundrecht auf die Sicherung eines gewissen Existenzminimums sowie einer gewissen medizinischen
Versorgung.

Was in Bezug auf Grundsatz 1 allerdings Fragen aufwirft, ist seine gewisse Vagheit: Wie sollen die betreffenden Grundrechte oder Grundfreiheiten, die «für alle möglich» sind, im Einzelnen lauten? Und was den obigen Grundsatz 2 b, das Prinzip «fairer Chancengleichheit» angeht, so ist dieser ganz besonders präzisionsbedürftig. Auf beide Grundsätze werde ich hier jedoch nicht weiter eingehen, da ich die Themen der Grundrechte und der Chancengleichheit schon in Kapitel II – ohne eine Erörterung der Rawls'schen Position – ausführlich behandelt habe.

Das Besondere der Rawls'schen Gerechtigkeitstheorie, dem sie ihr enormes Renommee verdankt, ist tatsächlich weder ihr Grundsatz 1 noch ihr Grundsatz 2 b, sondern ihr Grundsatz 2 a. Rawls bezeichnet diesen Grundsatz als «Differenzprinzip» oder «Unterschiedsprinzip», insofern dieser Grundsatz festlegt, wie die sozialen Unterschiede zwischen den Menschen, im Blick auf die ihnen verfügbaren lebenswichtigen Grundgüter wie Einkommen und Vermögen, geregelt sein müssen, damit sie als gerecht gelten können. Das «Differenzprinzip» fordert, wie wir sahen, das Schicksal der am schlechtest Gestellten in der Gesellschaft möglichst weitgehend zu verbessern. Eine Ungleichheit in der Gesellschaft, durch die einige Bürger besser dastehen als andere, kann danach nur dann als gerecht gelten, wenn durch diese Ungleichheit gleichzeitig auch die Lage der am schlechtest gestellten Bürger verbessert wird – und zwar in höherem Maß verbessert wird als durch jede mögliche Alternative. Dieses Prinzip wird häufig auch als «Maximin-Prinzip» bezeichnet: als das Prinzip der Maximierung des Wohls derjenigen, die nur über das Minimum verfügen.

Was bedeutet dieses «Differenzprinzip» näher betrachtet? Nun, Rawls spricht sich damit prinzipiell für eine möglichst weitgehende *Gleichstellung* der Menschen im Sinn eines Egalitarismus aus. Er plädiert prinzipiell für Normen, die zwischen den Menschen in sozialer und wirtschaftlicher Hinsicht einen

Ausgleich herstellen, also für Normen, die eine bestimmte Form der «Verteilungsgerechtigkeit» beinhalten (siehe S. 16 f.).

Ein Verzicht auf einen umfassenden Ausgleich zwischen den Menschen ist laut Rawls nur dann legitim, wenn die damit in Kauf genommene Ungleichheit der Menschen gemäß dem «Differenzprinzip» auch den am schlechtest Gestellten so weit wie möglich zugutekommt. Das bedeutet zunächst einmal: Die in Kauf genommene Ungleichheit muss *allen* Mitgliedern der Gesellschaft jedenfalls einen *gewissen* Vorteil bringen. So schreibt Rawls ausdrücklich, dass eventuelle Ungleichheiten «zu jedermanns Vorteil dienen» müssen (Rawls, S. 81).

Dass nach dem «Differenzprinzip», wie oben definiert, nunmehr sogar *jeder* Bürger durch eine Ungleichheit *irgendwie* profitieren muss, mag auf den ersten Blick zwar überraschen, ist aus dem folgenden Grund aber eine zwingende Folgerung genau dieses Prinzips. Angenommen, eine Gesellschaft besteht aus drei Bürgern A, B und C, die unter Gleichheitsbedingungen je 100 Einheiten an Grundgütern bzw. Wohlstand besitzen. (Realistisch betrachtet, sind diese drei Bürger natürlich Repräsentanten von drei *Gruppen* von Bürgern.) Wenn nun in der neuen, ungleichen Konstellation der am besten gestellte A 200 Einheiten erhält und der in dieser Konstellation am schlechtesten gestellte C zum Ausgleich dafür auf das für ihn höchstmögliche Niveau von 140 Einheiten gebracht wird, dann *kann* nach dem «Differenzprinzip» B gar nicht auf seinem ursprünglichen Niveau von 100 Einheiten verbleiben; denn sonst wäre ja gerade B – und nicht, wie gesagt, C mit seinen 140 Einheiten – in der neuen Konstellation der am schlechtesten Gestellte.

B muss also, damit C nach der Besserstellung von A tatsächlich der am schlechtesten Gestellte sein kann, von As Besserstellung ihm gegenüber im Ergebnis entweder *mehr* profitieren als C oder zumindest *ebenso* profitieren wie C. (Im zweiten Fall sind B und C eben gemeinsam die am schlechtest Gestellten.) B muss also zumindest auf ein Niveau von ebenfalls 140 Einheiten kommen. So bleibt B zwar unter dem Niveau von A, erreicht oder übertrifft aber das Niveau von C, der seinerseits das für *ihn* höchstmögliche Niveau erreicht. Dies bedeutet im Ergebnis: Dem «Differenzprinzip» kann überhaupt nur dadurch entsprochen werden, dass eine Ungleichstellung in der Gesellschaft *jedem* Bürger, verglichen mit einer Gleichstellung aller Bürger, irgendwie zugutekommt.

Aus dem «Differenzprinzip» ergibt sich also: Damit auch nur *ein* Bürger von irgendeiner bestehenden Ungleichheit profitieren darf, müssen *alle anderen* Bürger von dieser Ungleichheit ebenfalls profitieren. Jede Besserstellung einer Gruppe von Bürgern, von der nicht *alle anderen* Gruppen ebenfalls profitieren, ist ungerecht und unzulässig. (Noch ungerechter wäre natürlich die Besserstellung einer Gruppe, die alle anderen Gruppen oder auch nur eine einzige Gruppe gegenüber der für alle gleichen Ausgangslage sogar *schlechter* stellt.)

Außer dieser Besserstellung aller aber fordert das «Differenzprinzip», wie schon gesagt, in erster Linie: Derjenige Bürger C, der von einer bestehenden Ungleichheit am wenigsten profitiert, muss, damit die Ungleichheit als gerecht gelten kann, von dieser Ungleichheit nicht nur irgendwie, sondern *so viel wie überhaupt möglich* profitieren. Darin besteht der eigentliche Kern des «Differenzprinzips». Ob dadurch Bürger B weniger, als für *ihn* möglich gewesen wäre, profitiert, ist, sofern B jedenfalls mindestens so viel wie der am wenigsten Profitierende C profitiert, für die Zulassung der betreffenden Ungleichheit unerheblich.

2

Die entscheidenden Einwände

Es gibt eine ganze Anzahl möglicher Einwände gegen dieses zentrale Prinzip der Rawls'schen Gerechtigkeitstheorie. Diese Einwände beziehen sich zum einen auf das Resultat, zu dem das Prinzip führt. Sie beziehen sich zum anderen aber auch auf die spezielle Begründungsmethode der Theorie, nämlich die Fiktion des «Schleiers des Nichtwissens».

Beginnen wir mit dem ersten Punkt. Trifft es wirklich zu, dass sich, wie von Rawls angenommen, jeder Bürger in einem fiktiven Urzustand hinter dem «Schleier des Nichtwissens» rationalerweise für das «Differenzprinzip» entscheiden würde? Um diese Frage beantworten zu können, wollen wir uns einige Verteilungsalternativen näher vor Augen führen. Die folgenden Ziffern enthalten die Anzahl der Einheiten an Grundgütern, mit denen die vier Bürger (bzw. die vier jeweils gleich großen Bürgergruppen) A–D in vier alternativen Gesellschaftstypen ausgestattet sind. Dabei wird vorausgesetzt, dass den vier Bürgern im Urzustand lediglich diese vier Typen mit ihren genannten Verteilungen zur Auswahl stehen. Das folgende Szenario stellt insofern jedenfalls *eine* denkbare Möglichkeit dar, die eine gerechte Lösung im Sinne der Präferenz eines der vier Verteilungstypen – Typ 1, 2, 3 oder 4 – erfordert. (Auf Typ 4 werde ich dabei erst später eingehen.)

	A	B	C	D	Insgesamt
Typ 1:	100	100	100	100	400
Typ 2:	400	300	200	100	1000
Typ 3:	190	180	170	160	700
Typ 4:	390	290	190	130	1000

Beginnen wir mit einem Vergleich der Typen 1 und 2. Laut Rawls würde man sich hinter dem «Schleier des Nichtwissens» für Typ 1 entscheiden und damit Typ 2 als ungerecht zurückweisen. Denn in Typ 2 ist ja keineswegs jeder bessergestellt als in Typ 1; D erlangt vielmehr durch die allgemeine Ungleichheit in Typ 2 überhaupt keinen «Vorteil» gegenüber Typ 1, also erst recht nicht den «größtmöglichen Vorteil». Typ 2 ist danach also, verglichen mit Typ 1, ungerecht.

Würde aber irgendein vernünftiger Mensch X hinter dem «Schleier», also in Unkenntnis seiner eigenen Position in der künftigen Gesellschaft, tatsächlich Typ 1 Typ 2 vorziehen? Das halte ich für ziemlich ausgeschlossen. Denn im ungünstigsten Fall, in dem X auf der Position D landet, würde er ja nichts verlieren; und in jedem günstigeren Fall, in dem X auf einer der Positionen A–C landet, würde er eindeutig – mehr oder weniger – gewinnen.

Als einziger Grund, der unter diesen Umständen X doch dazu bewegen könnte, ausgehend von seinen eigenen Interessen den egalitären Typ 1 zu wählen, kommen starke eigene Neidgefühle in Betracht, die für den möglichen Fall, dass X in Typ 2 auf Position D landet, gegen Typ 2 sprechen würden. Rawls schreibt jedoch ausdrücklich, dass er davon ausgeht, dass im Urzustand «ein vernunftgeleiteter Mensch keinen Neid kennt»; die Gerechtigkeitsgrundsätze werden für ihn «unter der Voraussetzung beschlossen, dass es keinen Neid gibt» (Rawls, S. 167 bzw. S. 584). Unter *dieser* Voraussetzung aber kann die Annahme nur als vollkommen abwegig erscheinen, dass ein vernünftiger Mensch hinter dem «Schleier des Nichtwissens» sich für Typ 1 anstatt für Typ 2 entscheidet. Deshalb erweist schon diese Konsequenz des Rawls'schen «Differenzprinzips» dieses Prinzip als inakzeptabel.

Vergleichen wir nun Typ 1 mit Typ 3. Hier führt das «Differenzprinzip» zweifellos zu dem richtigen Ergebnis: Natürlich ist

Typ 3 Typ 1 vorzuziehen, da in Typ 3 ja sämtliche Personen besser dastehen als in Typ 1. Auch ohne den Rawls'schen «Schleier» würde sich wohl jeder Bürger einschließlich D mit Sicherheit ebenso entscheiden.

Hochgradig interessant ist nun aber der dritte Vergleich: Wie würde sich ein vernünftiger Mensch hinter dem «Schleier» entscheiden, wenn er zwischen den Typen 2 und 3 zu wählen hätte? Laut Rawls würde sich hinter dem «Schleier» rationalerweise jeder eindeutig für Typ 3 entscheiden. Er würde also Typ 3 – ebenso wie auch Typ 1 – Typ 2 vorziehen. Denn Typ 3 stellt ja den in den Typen 2 und 3 jeweils am schlechtest Gestellten D vergleichsweise besser. *Ohne* den «Schleier» aber würden sich zweifellos A, B und C für Typ 2 entscheiden, und nur D würde sich für Typ 3 entscheiden. Ist unter diesen Umständen also Rawls' Annahme plausibel, dass sich *hinter* dem «Schleier» *jeder* für Typ 3 entscheiden würde? Würde also jeder vernünftige Mensch sich – im Unwissen, ob er in der künftigen Gesellschaft die Rolle von A, B, C oder D einnehmen wird – ohne Weiteres für Typ 3 entscheiden?

Ich würde das nicht so einfach von mir sagen können. Natürlich würde ich in Typ 3 besser als in Typ 2 dastehen, falls ich jeweils – etwa wegen schlechter Begabung oder fehlender Ausbildung – die Position von D einnehmen müsste. Andererseits würde ich in Typ 2 *weitaus* besser als in Typ 3 dastehen, falls ich jeweils die Position von A, B oder C einnehmen könnte.

Es stellt sich hier die Frage: Von welchem anderen Prinzip könnte ich mich vielleicht bei meiner Entscheidung für die künftige Gesellschaft leiten lassen, falls ich mich doch für Typ 2 entscheiden und damit Rawls' «Differenzprinzip» eine Absage erteilen möchte? Ein Entscheidungskriterium, das mir spontan einfällt, weil der Vergleich zwischen den beiden Typen 2 und 3 es nahelegt, lautet: Ich entscheide mich für jenen Typ von Gesellschaft, der für *alle* in ihr lebenden Menschen *zusammengenom-*

men die meisten Einheiten an Grundgütern bzw. Wohlstand, also den maximalen Wohlstand *insgesamt* enthält.

Dieses Prinzip wäre offenbar identisch mit jener Version des sogenannten Utilitarismus, demzufolge jene Gesellschaft in jeder Hinsicht die beste ist, die – bezogen auf die Zahl ihrer Mitglieder – den größten Durchschnittsnutzen und insofern auch den größten Gesamtnutzen enthält. Wie dieser gesellschaftliche Gesamtnutzen auf die einzelnen Bürger bzw. Gruppen von Bürgern verteilt ist, spielt dabei keine Rolle. Es spielt also beim Vergleich unserer beiden Typen auch keine Rolle, wie *relativ* schlecht etwa A in Typ 3 und D in Typ 2 dasteht – außer insoweit sich dies auf den allein ausschlaggebenden Gesamtnutzen, den Nutzen also, den der jeweilige Gesellschaftstyp insgesamt enthält, auswirkt.

Wenn wir, so gesehen, den Gesamtnutzen der Gesellschaften 1–3 vergleichen, stellen wir fest, wie angegeben, dass Typ 1 einen Gesamtnutzen von 400, Typ 2 einen Gesamtnutzen von 1000 und Typ 3 einen Gesamtnutzen von 700 Einheiten enthält. Der entsprechende Durchschnittsnutzen jedes der vier Bürger A–D beträgt also in Typ 1 100 Einheiten, in Typ 2 250 Einheiten und in Typ 3 175 Einheiten. Er ist somit in Typ 2 2,5-mal so hoch wie in dem an allgemeiner Gleichheit orientierten Typ 1 und nahezu 1,5-mal so hoch wie in dem am «Differenzprinzip» orientierten Typ 3. Spricht dieses Ergebnis nicht dafür, sich hinter dem «Schleier des Nichtwissens» generell anstatt für die Ungleichheit nach dem «Differenzprinzip» für jene Ungleichheit auszusprechen, durch die der größtmögliche Durchschnittsnutzen in der Gesellschaft erreicht wird – was bedeuten würde, dass Typ 2 vor Typ 3 ebenso wie vor Typ 1 den Vorzug verdient?

Würde ich, so gesehen, auf das «Differenzprinzip» verzichten und Typ 2 Typ 3 vorziehen, so hätte ich damit zwar einerseits wegen des viel höheren Durchschnittsnutzens von Typ 2 jedenfalls eine größere Chance auf ein besseres Leben; andererseits jedoch würde ich, falls ich unglücklicherweise in die schlimmste Lage, in die Rolle von D geraten sollte, durch meine Entscheidung für Typ 2 auch einen deutlichen Verlust erleiden.

Hat Rawls also vielleicht doch Recht mit seiner entschiedenen Ablehnung des Utilitarismus sowie mit seiner Annahme, dass ich mich unter diesen Umständen vernünftigerweise anstatt für Typ 2 für Typ 3 entscheide? Dem kann ich so nicht beipflichten. Mir scheint Rawls' Annahme vielmehr nur unter der speziellen Voraussetzung zutreffend zu sein, dass ich eine ganz extreme Risikoscheu habe und selbst auf die Möglichkeit großer Gewinne lieber verzichte, sofern diese auch nur mit dem geringsten Risiko verbunden sind. Rawls ist überraschenderweise jedoch der Meinung, auch unabhängig von jeder individuellen Risikoscheu, die für ihn ebenfalls hinter dem «Schleier» verborgen bleibt (Rawls, S. 197), werde sich *jeder* vernünftigerweise für Typ 3 entscheiden.

Diese Rawls'sche Annahme erscheint mir als extrem unplausibel. Würde vielleicht jeder normale, gesunde Mensch auf eine mehrwöchige Weltreise, die er einschließlich sämtlicher anfallenden Kosten in einem Quiz gewonnen hat, allein aus dem Grunde verzichten, weil er das Risiko scheut, als Opfer eines möglichen Flugzeugabsturzes sein Leben zu verlieren? Nur Menschen mit einer ganz besonderen Risikoscheu würden wohl eine solche Entscheidung treffen.

Mir scheint: Gerade wenn ich über das Maß meiner Risikobereitschaft nichts weiß, werde ich mich hinter dem «Schleier des Nichtwissens» über meine Position in der künftigen Gesellschaft doch für jene Gesellschaft entscheiden, in der es mir *wahrscheinlich* am besten gehen wird; und dies ist nun einmal die Gesellschaft vom Typ 2 mit dem größten Durchschnittsnutzen. Doch selbst wenn man – entgegen der Voraussetzung von Rawls – im Urzustand das Wissen um die eigene Risikobereitschaft besitzt und sich tatsächlich als extrem risikoscheu erlebt, ist die Entscheidung für das Rawls'sche «Differenzprinzip» nicht in jedem Fall die beste Lösung. Diese Entscheidung ist nämlich, wie ich nun zeigen möchte, dann nicht die beste Lösung, wenn neben unseren drei Gesellschaftstypen noch ein weiterer Typ, Typ 4, zur Auswahl steht (siehe S. 72).

Dieser Typ hat die folgenden Eigenschaften: Der Gesamtnutzen ist mit 1000 Einheiten derselbe wie in Typ 2. Position D besitzt jedoch – anders als in Typ 2 mit 100 Einheiten – 130 Einheiten, was, so sei angenommen, mit einer völlig ausreichenden Grundsicherung identisch ist. (Die Positionen A–C sind dementsprechend gegenüber Typ 2 um jeweils 10 Einheiten herabgestuft.) Das heißt: Gemäß dem «Differenzprinzip» müsste man sich nach wie vor für Typ 3 – mit seinen 160 Einheiten für D und seinem Gesamtnutzen von nur 700 Einheiten – entscheiden. Gemäß dem Utilitarismus aber würde man sich zwar gegen Typ 3 entscheiden, aber die Wahl zwischen dem neuen Typ 4 und Typ 2 – mit ihrem jeweiligen Gesamtnutzen von 1000 Einheiten – offenlassen.

Wie aber würde sich der risikoscheue Bürger entscheiden? Ich denke, jedenfalls ein Großteil dieser Bürger würde sich weder für Typ 2 noch für Typ 3, sondern eindeutig für Typ 4 entscheiden. Denn mit dieser Entscheidung wäre doch gerade dem risikoscheuen Bürger offenbar am besten gedient. Einerseits wäre selbst im schlimmsten Fall (in der Position D) ja seine Existenz gesichert. Und andererseits wäre er in jedem anderen Fall (in der Position A, B oder C) zwar nicht ganz so gut wie in Typ 2, aber immer noch weit besser als in Typ 3 aufgestellt.

Warum sollte ich mich denn für die Gesellschaft vom Typ 3 anstatt für die *insgesamt* viel besser situierte Gesellschaft vom Typ 4 entscheiden, falls mir ein ausreichendes Grundeinkommen in *jedem* Fall gesichert ist? Doch selbst dann, wenn vielleicht einige Menschen die Gesellschaft vom Typ 3 immer noch vorziehen würden: Dass *alle* Menschen, wie Rawls behauptet, diese Wahl treffen würden, ist mit Sicherheit *nicht* zu erwarten. Und dies trifft natürlich erst recht dann zu, wenn die Menschen hinter dem «Schleier» über ihre Risikobereitschaft, wie Rawls annimmt, gar keine Kenntnis haben!

Es stellt sich an diesem Punkt die generelle Frage, wieso Rawls' «Schleier des Nichtwissens» überhaupt geeignet oder auch nur hilfreich sein soll, die Menschen zur Vertretung rational begründeter Gerechtigkeitsprinzipien zu bewegen. Warum kann nicht jeder sich für jene Prinzipien der Gerechtigkeit einsetzen, die er aufgrund jener Kenntnisse, die er *tatsächlich* über sich selbst und seine Gesellschaft besitzt, für begründet hält? Warum also soll ich bei meiner Wahl absehen von meiner Begabung, meinem Geschlecht, meinem sozialen Umfeld usw. und mich im Ergebnis für eine Gesellschaft aussprechen, in der nicht nur alle Menschen gewisse Grundrechte haben, sondern in der jede Ungleichstellung auszugleichen ist, von der nicht alle Menschen profitieren?

Es ist zwar richtig, dass alle genannten Besonderheiten meiner Person – positiver wie negativer Art – mir in gewissem Sinne zufällig oder jedenfalls unverdient zuteilgeworden sind. Aber was ändert das an meiner tatsächlichen Situation? Außerdem habe ich etwa die Tatsache, dass ich ein Mensch und nicht ein Hund oder ein Tiger bin, doch ebensowenig verdient wie die Tatsache, dass mir als Mensch jede Begabung zum Berufssportler oder zum Politiker fehlt. Warum müsste ich also nicht auch die Tatsache, dass ich zufälligerweise ein *Mensch* und nicht ein anderes fühlendes Wesen, also ein Tier bin, hinter dem «Schleier des Nichtwissens» verbergen und mich demzufolge für die prinzipielle Gleichstellung aller fühlenden Wesen aussprechen? Natürlich wäre ich etwa als Hund nicht derselbe Norbert Hoerster, der ich in Wirklichkeit bin; aber als Frau, als Berufssportler oder als Politiker wäre ich dies ebenfalls nicht.

Merkwürdigerweise bezieht Rawls zwar Kinder mangels Rationalität in sein Vertragsmodell nicht als Vertragspartner mit ein (Rawls, S. 281), spricht ihnen aber gleichwohl – anders als Tieren – «den vollen Schutz der Gerechtigkeitsgrundsätze» zu, und zwar mit der Begründung, dass Kinder «nur aufgrund zufälliger Umstände nicht an der anfänglichen Vereinbarung teilnehmen» können (Rawls, S. 553). Das ist eine wenig überzeugende Begründung. Denn auch Tiere (und übrigens auch menschliche Embryonen!) sind doch ebenso «aufgrund zufälliger Umstände» keine möglichen Vertragspartner. Und auch Tiere sind doch fühlende Wesen, die ein mehr oder weniger gutes Leben haben können. Während Rawls jedoch zur Frage möglicher Rechte von Embryonen nicht Stellung nimmt, schließt er Tiere – im Gegensatz zu Kindern – von einem «Recht auf gleiche Gerechtigkeit» ausdrücklich aus (Rawls, S. 547 f.).

Es mag zwar zutreffen, dass Rawls sich mit dieser Position, was die Ergebnisse für Kinder und Tiere angeht, voll im Einklang mit den «wohlüberlegten» Urteilen der meisten Zeitgenossen befindet. Das ändert aber nichts daran, dass diese Position im Rahmen seiner Vertragstheorie als unbegründet und willkürlich erscheinen muss.

Am ehesten könnte man sich eine Begründung im Rahmen der Rawls'schen Vertragstheorie insoweit vorstellen, als die erwachsenen Vertragspartner es aus *altruistischen* Erwägungen heraus natürlich wünschen können, Kindern im Unterschied zu Tieren die betreffenden Rechte einzuräumen. Rawls vertritt nämlich die Auffassung, dass die Menschen im Urzustand zwar «kein Interesse an den Interessen der anderen» (der anderen Vertragspartner) haben können, wohl aber ein Interesse an den Interessen Dritter (Rawls, S. 171; ähnlich auch S. 151). Auf diese Weise ließe sich vielleicht dann doch – wenngleich mit einem ganz anderen Argument als dem oben genannten der «zufälligen Umstände» – begründen, dass zwar Kinder, nicht aber Tiere (und wohl auch nicht Embryonen) in den Genuss der Menschenrechte kommen müssen.

So gesehen, verliert der «Schleier des Nichtwissens» jedoch seine eigentliche Funktion. Denn diese besteht ja gerade darin, dass jeder Vertragspartner (also jeder erwachsene Mensch) von allen Besonderheiten seiner Person absieht und damit einen Standpunkt der Unparteilichkeit seinen Partnern gegenüber einnimmt – einen Standpunkt der Unparteilichkeit, der insoweit im Kern auf einen wechselseitigen Altruismus der Vertragspartner hinausläuft. Ausdrücklich schreibt Rawls: Die «Verbindung von gegenseitigem Desinteresse mit dem Schleier des Nichtwissens erfüllt weitgehend den gleichen Zweck wie die Voraussetzung des Altruismus. Denn sie zwingt jeden im Urzustand, das Wohl der anderen in Betracht zu ziehen» (Rawls, S. 173). So erfüllt das «Differenzprinzip» mit seiner egalitären Forderung letztlich dieselbe Funktion wie der Altruismus.

Der für meine Person in dieser Weise begründete unparteiische Altruismus bezieht sich aber ausdrücklich nur auf meine Vertragspartner. Er bezieht sich *nicht* auf irgendwelche Kinder – weder auf die eigenen noch auf die meiner Vertragspartner. Um diese, wie von Rawls gefordert, an der Gerechtigkeit teilhaben zu lassen, bedarf es eines zusätzlichen, und zwar eines real vorhandenen Altruismus seitens der Vertragspartner, nämlich eines Interesses am Wohl weiterer Personen wie der Kinder. Warum aber, so muss man fragen, fallen ausgerechnet diese Interessen an den «Interessen Dritter», die keine Vertragspartner sind, laut Rawls *nicht* unter den «Schleier des Nichtwissens»? Warum muss ich zwar mein Interesse an Musik oder mein Interesse an einem bestimmten Beruf, nicht aber mein Interesse am Wohl meiner Kinder unter dem «Schleier» verdeckt halten? Hier geht es Rawls offenbar allein darum, mit einer willkürlichen Abweichung von seiner Theorie um jeden Preis ein gewünschtes Ergebnis zu erreichen. Wenn es um die möglichen Rechte etwa von Kindern oder Tieren geht, lässt Rawls den «Schleier des Nichtwissens» einfach fallen.

An diesem Punkt bietet es sich an, auch auf den zweiten Begründungsweg noch einzugehen, den Rawls für seine Gerechtigkeitstheorie beschreitet: den Weg des «Überlegungsgleichgewichts» (siehe S. 67). Ich beschränke mich auch hier wieder auf das zentrale «Differenzprinzip». Steht dieses «Differenzprinzip» vielleicht, wie Rawls annimmt, im Einklang mit jenen «wohl-überlegten» Gerechtigkeitsurteilen, die «unseren» konkreten Gerechtigkeitsintuitionen, den Intuitionen des Normalbürgers, zugrunde liegen? Hat Rawls also recht, wenn er behauptet, «daß die Vorstellung von der Gerechtigkeit als Fairneß in höherem Maße als jede andere zur Zeit bekannte Theorie zu wahren Inter-pretationen unserer wohlüberlegten Urteile führt» (Rawls, S. 492)?

Das erscheint mir äußerst unwahrscheinlich, wie sich gerade im Hinblick auf den soeben angesprochenen Altruismus gut zei-gen lässt. Denn dieser *umfassende*, auf eine unparteiische Ein-stellung zu allen Menschen hinauslaufende Altruismus steht wohl kaum im Einklang mit den Gerechtigkeitsintuitionen des Normalbürgers. Sicher haben die meisten Menschen eine gewisse altruistische Einstellung zum Wohl ihrer Mitmenschen. Doch eine maximale altruistische Einstellung gibt es gewöhnlich allen-falls innerhalb des Nahbereichs von Verwandten und Freunden. Eine altruistische Einstellung, die den Nahbereich überschreitet, ist nur bei den wenigsten Menschen derart stark ausgeprägt, dass diese Menschen, sofern sie selber im Besitz genetischer oder so-zialer Vorteile sind, ähnlich egalitäre Konsequenzen wie die des «Differenzprinzips» akzeptieren würden. Und außerdem haben nicht wenige Menschen sogar eine minimale altruistische Einstel-lung gegenüber Tieren.

Man bedenke: Nach dem «Differenzprinzip» sind nur jene sozialen und wirtschaftlichen Ungleichheiten der Bürger gerecht und müssen nicht ausgeglichen werden, die gleichzeitig für die am schlechtest Gestellten von größtmöglichem Vorteil sind. Denn niemand «hat seine besseren natürlichen Fähigkeiten oder einen besseren Startplatz in der Gesellschaft verdient»; und jeder, der «von der Natur begünstigt ist, ... darf sich der Früchte nur so weit erfreuen, wie das auch die Lage der Benachteiligten verbessert» (Rawls, S. 122). Das bedeutet, dass ohne die Erfüllung dieser Rawls'schen Bedingung unter anderem alle jene Ungleichheiten gerechterweise ausgeglichen werden müssen, die auf besondere Begabungen der Erfolgreichen zurückgehen.

Betrachtet der Normalbürger in unserem Land es aber wirklich als ungerecht, dass etwa ein berühmter Fußballstar mehr als das Hundertfache verdient als er selber? Oder akzeptiert er den ungleichen Wohlstand nur deshalb, weil dieser den Geringverdienern den «größtmöglichen Vorteil» verschafft? Worin sollte dieser Vorteil denn liegen? Ja, würde der Normalbürger überhaupt der Meinung sein, dass sämtliche einem Menschen unverdient zugefallenen Faktoren, die diesem Menschen im Leben Erfolg gebracht haben, ungerecht sind und zu einem Ausgleich seines Wohlstands innerhalb der Gesellschaft führen müssen – sofern sich dieser Erfolg im Ergebnis nicht positiv für *alle* Bürger auswirkt?

Wir wollen zunächst die Frage klären: Was sind überhaupt die unterschiedlichen Faktoren, die den Erfolg bzw. den Misserfolg eines Menschen bestimmen? Man kann, so scheint mir, im Wesentlichen die folgenden fünf Faktoren unterscheiden: 1. genetische Ausstattung, 2. natürliche Umwelt, 3. soziale Gegebenheiten, 4. unvorhersehbare Zufälle und 5. persönlicher Einsatz.

Zu Faktor 1 gehören alle möglichen Begabungen körperlicher wie geistiger Art. Zu Faktor 2 gehört insbesondere das Klima mit seinen Auswirkungen. Zu Faktor 3 gehören nicht nur die ökonomische Ausstattung der Eltern und der Zugang zu Bildungseinrichtungen. Es gehören ebenfalls dazu Gegebenheiten wie soziale Trends und Gebräuche, die zu einer besonderen Nachfrage ganz bestimmter Leistungen führen. Zu Faktor 4 gehören Naturereignisse wie Erdbeben und Orkane, aber auch soziale Ereignisse wie ein Lottogewinn oder ein Einbruchsdiebstahl. Zu Faktor 5 gehören die wohlüberlegte Wahl einer beruflichen Tätigkeit ebenso wie die investierte Zeit und Anstrengung in die gewählte Tätigkeit.

Von diesen fünf Faktoren, die für den Erfolg eines Menschen von Relevanz sind, sind ohne Zweifel die ersten vier Faktoren aus der Sicht der Betroffenen ebenso zufällig wie unverdient. Es würde sich insofern, so könnte man meinen, für einen Menschen mit den Rawls'schen Gerechtigkeitsüberzeugungen anbieten, zumindest alle Ungleichheiten, die nicht auf Faktor 5 des persönlichen Einsatzes zurückgehen und insofern nicht auf dem Verdienst der Bessergestellten beruhen, im Prinzip (soll heißen: sofern die schon häufig zitierte, einschränkende Bedingung nicht erfüllt ist) auszugleichen. Doch schon eine kurze Überlegung zeigt, dass ein solches Vorgehen, selbst wenn es als gerecht erweisbar wäre, total unrealistisch ist.

Es erscheint nämlich ganz unmöglich, im wirklichen Leben einer erfolgreichen Person festzustellen, in welchem Ausmaß sich jeder der fünf relevanten Faktoren auf den Erfolg ausgewirkt hat. Wie will man ermitteln, welcher Prozentsatz des gewaltigen Erfolges etwa eines Thomas Gottschalk oder eines Dieter Bohlen auf den Verdienstfaktor 5 zurückgeht? Ich könnte ja nicht einmal über mich selbst als Betroffenen sagen, worauf die bescheidenen Erfolge in meinem Leben in erster Linie zurückgehen. Dieser Punkt scheint auch Rawls irgendwann klar geworden zu sein. Er lehnt nämlich – trotz seiner ursprünglichen Argumentation, lediglich *unverdiente* Ungleichheiten seien unfair – letztlich auch eine Verteilung der «Güter des Lebens … gemäß dem Verdienst» als in der Realität «undurchführbar» ab (siehe Rawls, S. 32 sowie S. 344 ff.)!

Ich denke, der Normalbürger würde nach einiger Überlegung ebenfalls zu dem Schluss kommen, eine Differenzierung der Ursachen von Erfolgen gemäß den fünf obigen Faktoren sei nicht durchführbar. Ich denke allerdings auch, der Normalbürger würde daraus genau den umgekehrten Schluss wie Rawls ziehen.

Das heißt, er würde zunächst einmal den Verdienstfaktor als *zweifellos* gerecht für einen erzielten Erfolg ansehen, um dann mangels möglicher Differenzierung der Erfolgsursachen die übrigen Faktoren genauso wie den Verdienstfaktor zu behandeln.

Für diese Sichtweise scheint mir auch die folgende Überlegung zu sprechen. Kaum ein Mensch, der über sich selbst und seine Erfolge wie Misserfolge nachdenkt, versteht sich dabei als das Resultat ganz unterschiedlicher Ursachen oder Faktoren. Alle diese Faktoren – zumindest die Faktoren 1, 3 und 5 – sind in Wirklichkeit doch gleicherweise untrennbare Teile meiner heutigen Identität. Es stimmt zwar, dass die Faktoren 1 und 3 in keiner Weise Ergebnisse meiner eigenen Handlungen und Anstrengungen sind. Trotzdem gehören sie notwendig zu meiner Person. Ich habe nicht die geringste Idee, wer ich heute wäre *ohne* meine Gene und *ohne* meine tatsächlich erfahrene Erziehung in Elternhaus, Schule und Internat. Zwar hätte ich mich ohne die Internatszeit vielleicht nie für Philosophie interessiert; doch welchen Beruf hätte ich dann ergriffen und welches Maß an Wohlstand hätte ich mit diesem Beruf erreicht? Mir fehlt die Antwort auf diese Fragen.

Angenommen, A und B arbeiten in demselben anstrengenden, gut bezahlten Beruf. A ist von Natur aus fleißig und arbeitet doppelt so viele Stunden am Tag wie B, der von Natur aus faul ist. Würde man es in diesem Fall für gerecht halten, wenn A und B jedenfalls im Prinzip finanziell gleichgestellt werden? An diesem Punkt stellt sich doch die Frage, ob ein so weitgehender Wohlstandsausgleich im Namen der Gerechtigkeit mit jenen *Grundrechten*, wie sie jedem Menschen zustehen, noch vereinbar wäre. Man darf doch nicht A alles mehrverdiente Geld, das ihm aufgrund freier Vereinbarung mit seinem Arbeitgeber für seine Sonderleistung gezahlt wurde, einfach wieder wegnehmen mit der Begründung, sein Verdienst habe den Geringverdienern ja keinen Nutzen gebracht. Oder darf man A und B vielleicht sogar dann gleichstellen, wenn B aus Faulheit *gar nicht* arbeitet? Welchen Anreiz aber hätte A in diesem Fall, überhaupt noch – bzw. im vorhergehenden Fall, mehr als B – zu arbeiten?

Letztlich gilt: Ob ein Apotheker oder ein Rechtsanwalt, ein Thomas Gottschalk oder ein Dieter Bohlen, ein Bundesligaspieler oder eine Bundesligaspielerin besser zu bezahlen ist, kann unter der Bedingung der Vertragsfreiheit allein der Markt entscheiden. Ich glaube zwar, dass es im Prinzip sowohl einen gerechten Mindestlohn als auch eine gerechte Einkommensteuer gibt (siehe S. 54 bzw. S. 122 ff.). Eine allein aus der erbrachten Leistung als «gerecht» ableitbare Vergütung jedoch kann es in einer freien Gesellschaft grundsätzlich nicht geben. Die Vergütungspflicht für eine Leistung ist das Ergebnis eines Vertrages. Wie die Leistung eines Menschen zu vergüten ist, hängt in einer freien Gesellschaft ausschließlich von der Nachfrage seiner Mitmenschen ab.

Natürlich habe ich jene Faktoren, die mir in meinem Leben einen gewissen Wohlstand verschafft haben – wie Begabung, Elternhaus usw. –, in keiner Weise verdient. Sie sind tatsächlich, wie Rawls schreibt, «unter moralischen Gesichtspunkten so willkürlich» (Rawls, S. 93). Folgt daraus aber, dass meine Fähigkeiten und Leistungen mir gar nicht selbst *gehören*, sondern Eigentum meiner Mitmenschen bzw. meiner Gesellschaft sind, dass also die Gesellschaft meine Fähigkeiten beliebig nutzen kann? Das wäre abwegig. Nicht einmal das, was jemandem so unverdienterweise zukommt wie ein Lottogewinn, steht deshalb gerechterweise seinen Mitmenschen zu.

Ebenso abwegig aber ist es, von einem aufgrund großer Nachfrage erfolgreichen Menschen zu verlangen, dass er zum Zweck der Gleichstellung seine Mitbürger an seinem Erfolg teilhaben lässt. Natürlich hat A seine Fähigkeit zum Schreiben von Erfolgsbüchern nicht verdient. Doch noch weniger hat B es verdient, dass er aufgrund seines angeborenen Humors eine besonders hübsche, viel umworbene Frau heiraten konnte. Also müsste, wenn A seine mittelmäßigen Konkurrenten an seinem Erfolg teilhaben lassen muss, B gewiss entsprechend verfahren und seine völlig erfolglosen Mitbewerber jedenfalls dafür entschädigen, dass er ihnen als Heiratskandidat vorgezogen wurde (siehe Nozick, S. 336). Doch wie sollte eine solche Entschädigung gerechterweise aussehen?

3

Zusammenfassung

Rawls' Gerechtigkeitstheorie kann, was ihre herausragende These, das «Differenzprinzip», betrifft, nicht überzeugen. Denn das «Differenzprinzip» kann, weder was seine Begründung noch was seine egalitären Konsequenzen angeht, als intersubjektiv akzeptabel gelten. Es ist nicht einsehbar, warum Menschen bei dem, was sie für gerecht halten, von einem fiktiven Vertrag ausgehen sollten. Wieso muss ein solcher nicht wirklich geschlossener Vertrag anschließend – genauso wie ein realer Vertrag – auch eingehalten werden? Doch selbst im Rahmen dieses fiktiven Vertrages würde das «Differenzprinzip» sicher nicht, wie Rawls annimmt, von jedermann gewählt werden. Und schließlich spricht auch wenig dafür, dass sich die egalitären Konsequenzen dieses Prinzips, wie Rawls ebenfalls annimmt, mit den «wohlerwogenen» Urteilen des Normalbürgers in ein «Überlegungsgleichgewicht» bringen lassen.

Mit alledem ist freilich nicht gesagt, dass sich nicht andere, möglicherweise weniger egalitäre Prinzipien einer «Verteilungsgerechtigkeit» als das Rawls'sche «Differenzprinzip» überzeugend begründen lassen. Ob dies tatsächlich der Fall ist, wird in den folgenden Kapiteln zur Debatte stehen. Speziell für eine gewisse Gleichverteilung von Naturgütern unter die Menschen gibt es, wie wir sehen werden, gute Argumente.

IV
Die Grenzen des Eigentums

Das Eigentum als Recht auf eine ungehinderte Verfügung über etwas besitzt im Rahmen der Grundrechte des Individuums in mehrfacher Hinsicht eine besondere Bedeutung. Zum einen ist der Erwerb sowie der Besitz von Eigentum – und zwar in einer modernen Gesellschaft von Privat- und nicht nur von Gemeineigentum – eine wichtige Voraussetzung eines gelingenden Lebens. Ohne jedes Eigentum an Nahrungsmitteln und Kleidung etwa ist es den Menschen in der Regel nicht möglich, ihre Grundbedürfnisse zu befriedigen und so ihr Weiterleben zu sichern. Dies gilt unabhängig davon, ob sie dieses Eigentum durch eigene Arbeit oder durch Übertragung von einer anderen Person oder von der Gesellschaft insgesamt (wie zur Realisierung ihres Anspruchsrechts auf Leben) erworben haben. Damit ich etwa zum Frühstück ein Butterbrot gefahrlos und erfolgreich essen kann, muss ich, um nicht an seinem Verzehr beliebig gehindert werden zu können, einen normativ gesicherten, exklusiven Zugriff auf das Butterbrot haben.

Aber auch für die Realisierung meines allgemeinen Rechtes auf Handlungsfreiheit – das heißt des Rechtes, an einem gewünschten Verhalten nicht gehindert zu werden – ist das Eigentum von erheblicher Bedeutung. Zwar kann ich von meiner Handlungsfreiheit in mancher Hinsicht auch Gebrauch machen, ohne mein Eigentum dabei zu nutzen. So kann ich etwa an einem Nacktbadestrand ohne jede Kleidung nach Wahl entweder brust- oder rückenschwimmen. Andererseits gibt es aber auch einen weiten Bereich der Freiheit, von dem Gebrauch zu machen ich ohne den Einsatz von Eigentum gar keine *Möglichkeit* habe (vgl. schon S. 45 f.). Was nützt mir etwa die Freiheit zum Überschreiten meiner Landesgrenzen, wenn ich für eine Auslandsreise kein Geld habe? Was nützt mir die Freiheit, ein Gemälde von Picasso zu erwerben, wozu mir das nötige Geld fehlt? Es dürfte niemandem schwer fallen, sich eine Vielzahl ähnlicher Beispiele auszudenken. Die Wahrheit ist: Eine Freiheit ohne jede Möglichkeit, diese Freiheit auch zu nutzen, ist ohne Wert. Ob mir die Fahrerlaubnis zum Autofahren entzogen wurde oder ob ich mir kein Auto mehr leisten kann, läuft im Ergebnis für mich auf dasselbe hinaus.

Aus diesem engen Zusammenhang zwischen dem Wert der Freiheit und dem vorhandenen Vermögen bzw. Eigentum kann man natürlich nicht den Schluss ziehen, die Gesellschaft dürfe ihren Bürgern jene Freiheitsrechte ruhig entziehen, die für sie mangels Eigentum ohne Wert sind. Denn es lässt sich ja nie ausschließen, dass sich meine Eigentumslage – etwa durch einen Totogewinn – von heute auf morgen ändert und ich von dieser oder jener meiner Freiheiten wider Erwarten durchaus Gebrauch machen kann. Im Übrigen gilt das Gleiche wie für meine finanziellen Möglichkeiten auch für meine Präferenzen: Auch Freiheiten, von denen ich keinen Gebrauch machen *will*, sind für mich wertlos. Da ich nicht radfahren will, nützt mir meine entsprechende Freiheit nichts. Doch auch meine Präferenzen können sich natürlich immer wieder ändern.

Man kann aus dem Zusammenhang zwischen Freiheitswert und Eigentum andererseits aber auch nicht den Schluss ziehen, die Gesellschaft müsse ihre Bürger mit dem notwendigen Eigentum ausstatten, so dass die Bürger alle Freiheitsrechte, die sie haben, auch wirklich nutzen können. Denn das verfügbare Eigentum innerhalb einer Gesellschaft ist bekanntlich begrenzt, und es ist von vornherein ganz unmöglich, jedem Bürger die Möglichkeit zu geben, von allen Freiheitsrechten, die ihm gerechterweise zustehen, auch nach Belieben einen optimalen Gebrauch zu machen. Die Gesellschaft kann jedem Bürger im Rahmen seiner Freiheiten zwar die reale Möglichkeit geben, etwa zum Frühstück zwischen Weißbrot und Pumpernickel zu wählen – indem sie ihm nämlich im Armutsfall, wie oben gefordert, ein Anspruchsrecht auf Leben bzw. Grundversorgung einräumt. Sie kann aber nicht jedem Bürger auch die reale Möglichkeit geben, von seiner Freiheit Gebrauch zu machen, sich eine Finca auf Mallorca zu kaufen.

Natürlich wäre es im Prinzip möglich, für alle Bürger einer Gesellschaft zwar nicht optimale, wohl aber *gleiche*, wenn auch begrenzte materielle Voraussetzungen zu schaffen, von ihrer Freiheit Gebrauch zu machen. Die Voraussetzung hierfür wäre eine vollkommen egalitäre Gesellschaft, in der jeder den gleichen Anteil am Durchschnittswohlstand der Gesellschaft erhielte. Dass eine derartige Gleichverteilung aller sozialen Güter sich jedoch nicht nur nicht begründen lässt, sondern wegen des fehlenden Anreizes zu persönlicher Leistung sich für das Gesamtwohl der Gesellschaft geradzu kontraproduktiv auswirkt, haben wir bereits in Kapitel III gesehen. Dass sich andererseits nicht jede beliebige soziale Ungleichheit auf diese Weise rechtfertigen lässt, wird sich in Kapitel V (S. 127 ff.) noch zeigen. Bei alledem ist auch zu bedenken: Die gleichen materiellen Voraussetzungen für A und B, von ihrer Freiheit Gebrauch zu machen, verschaffen A und B durchaus nicht immer die Möglichkeit, von ihrer Freiheit auch zur Realisierung ihrer möglicherweise *unterschiedlichen Präferenzen* Gebrauch zu machen. Mit dem nötigen Geld für einen Schrebergarten in Franken ist dem, der von einer Finca auf Mallorca träumt, wenig geholfen.

Doch selbst wenn man jeden Egalitarismus ablehnt, ergeben sich für das Eigentum als ungehindertes Verfügungsrecht besondere Begründungsprobleme. Es besteht nämlich zwischen dem, was Gegenstand des Eigentums, und dem, was Gegenstand anderer Abwehrrechte wie das menschliche Leben ist, der folgende wichtige Unterschied: Mein Leben und meinen Körper besitze ich von Natur aus. Leben und Körper sind Teil meiner Identität; ohne mein Leben und meinen Körper gäbe es mich nicht. Es ist nicht etwa die Gesellschaft, die mir, nachdem ich bereits existent war, Leben und Körper in irgendeiner Weise übertragen oder geschenkt hat.

Im Fall von Sachgütern jeder Art (unter Einschluss von Tieren) ist dies jedoch ganz anders. Sie sind mir keineswegs schon von Natur aus zugeordnet, sondern ich erwerbe sie erst im Lauf meines Lebens. Und dass etwa der Baum X oder das Auto Y mein Eigentum ist, auf das ich einen exklusiven Zugriff habe, ist nichts anderes als die Konsequenz einer sozialen Institution, ohne die es gar kein Eigentum geben könnte. Ohne diese Institution ließe sich ein Gegenstand von vornherein gar keiner individuellen Person zuordnen, die den Gegenstand ungehindert besitzen und nutzen dürfte. Dass im Übrigen das Recht des Eigentums wie alle Grundrechte stets nur als ein prima facie geltendes Recht verstanden werden kann, zeigt zum Beispiel das Eigentum an Tieren: Mein Verfügungsrecht über meine Katze ist natürlich begrenzt durch das Verbot der Tierquälerei.

Das Abwehrrecht des Eigentums an irgendwelchen Sachgütern ist nach dem Gesagten weit weniger selbstverständlich als das Abwehrrecht auf das eigene Leben oder die eigene körperliche Unversehrtheit. Warum, so stellt sich die Frage, können die Menschen nicht ohne die Institution des Eigentums auf dieser Erde leben? Und wie haben die genauen Regeln zu lauten, nach denen jemand an einem Gegenstand (wie einem Baum oder einem Auto) jenes Eigentum, das dem Betreffenden nicht bereits von Geburt an zusteht, legitimerweise erwerben und anschließend an andere Menschen übertragen kann?

Wieso liegt es im Interesse jedes Menschen, dass es überhaupt so etwas wie Eigentum an allen möglichen Sachen gibt? Erstens

ist jeder Mensch zur Befriedigung seiner Grundbedürfnisse wie
auch seiner darüber hinausgehenden persönlichen Wünsche auf
gewisse natürliche wie auch menschliche Produkte unbedingt angewiesen. Und zweitens sind jene Produkte, auf die die Menschen angewiesen sind, auf dieser Erde nur in begrenztem Umfang vorhanden bzw. werden von Menschen nur im Austausch
gegen andere Produkte freiwillig hergestellt. Wenn bereits die
Natur uns allen alle unsere Bedürfnisse und Wünsche im Über-
fluss befriedigen würde, könnten wir auf die Institution des Eigentums leicht verzichten. Da tatsächlich die Knappheit der verfügbaren Konsumgüter aber zu Konkurrenz unter den Menschen
führt, ist eine normative Zuordnung dieser Güter zu den einzelnen Individuen (und unter Umständen auch zu einzelnen Ge-
meinschaften wie der Familie) als Schutzmaßnahme gegen Gewalt und Ausplünderung ganz unverzichtbar.

Dass es unter diesen Umständen so etwas wie Eigentum – jedenfalls an Konsumgütern – geben muss, ist eigentlich selbstverständlich und auch unbestritten. Ebenso selbstverständlich und
unbestritten ist, dass es dieses Eigentum, zumindest was die lebensnotwendigen Konsumgüter angeht, auch in Form von Privateigentum geben muss: Um überleben zu können, muss ich
eine gewisse Sicherheit haben, dass mir als Individuum jene Güter, die ich mir regelmäßig zum täglichen Verzehr beschaffe, nicht
jederzeit wieder weggenommen werden können. Keineswegs
selbstverständlich, sondern durchaus umstritten sind jedoch die
genaueren Regeln, nach denen die Entstehung und der Übergang
des Privateigentums gerechterweise erfolgen sollen. (Wenn ich im
Folgenden das Wort «Eigentum» verwende, ist damit in der Regel «Privateigentum» gemeint.)

I
Die Entstehung des Eigentums

Eine häufig zitierte und auch plausible Theorie der Entstehung und anfänglichen Verteilung des Eigentums findet sich im Werk John Lockes. Sie lautet: «Obwohl die Erde und alle niederen Lebewesen allen Menschen gemeinsam gehören, so hat doch jeder Mensch ein *Eigentum* an seiner eigenen *Person*. Auf diese hat niemand ein Recht als nur er allein. Die *Arbeit* seines Körpers und das *Werk* seiner Hände sind, so können wir sagen, im eigentlichen Sinne sein Eigentum. Was immer er also dem Zustand entrückt, den die Natur vorgesehen und in dem sie es belassen hat, hat er mit seiner *Arbeit* gemischt und ihm etwas eigenes hinzugefügt. Da er es dem gemeinsamen Zustand, in den es die Natur gesetzt hat, entzogen hat, ist ihm durch seine Arbeit etwas hinzugefügt worden, was das gemeinsame Recht der anderen Menschen ausschließt. Denn da diese *Arbeit* das unbestreitbare Eigentum des Arbeiters ist, kann niemand außer ihm ein Recht auf etwas haben, was einmal mit seiner Arbeit verbunden ist. Zumindest nicht dort, wo genug und ebenso gutes den anderen gemeinsam verbleibt.» (Locke, S. 216 f.)

Es ist äußerst wichtig, sich diese sehr aussagekräftige Theorie, die Locke anschließend anhand einiger Beispiele noch erläutert, in ihrer ganzen Tragweite klar zu machen. Locke stellt folgende Thesen auf:

1. Die gesamte Erde mit Ausnahme der Menschen ist von Natur aus Gemeinschaftseigentum aller Menschen.

2. Jeder Mensch hat Eigentum an seinem eigenen Körper.

3. Jeder Mensch gewinnt grundsätzlich Eigentum an allen nicht-menschlichen Naturgütern, in die er seine körperliche Arbeit investiert.

4. Jede Aneignung von Eigentum steht jedoch unter dem Vorbehalt, dass sie es den übrigen Menschen nicht unmöglich

macht, sich ihrerseits Naturgüter von gleichem Wert anzueignen.

Die Thesen 1 und 2 dürften in ihrer Bedeutung nicht schwer verständlich sein. (Der Begriff des Eigentums wird heute allerdings in Bezug auf die Abwehrrechte zum Schutz des eigenen Körpers kaum noch verwendet.) Die Thesen 3 und 4 dagegen sollen nun ausführlich erläutert werden.

Zunächst zu These 3. Locke versteht diese These in einem sehr weiten Sinn: Um ein Naturgut, das Teil des Gemeinschaftseigentums aller Menschen ist, in mein Privateigentum zu überführen, werde ich es normalerweise in dem Sinn bearbeiten, dass aus ihm etwas Neues entsteht und dass es so durch meine Arbeit an Wert gewinnt. Dieser klassische Fall der Entstehung von Eigentum liegt beispielsweise dann vor, wenn ich einen gefundenen Baumstamm in Bretter zersäge oder wenn ich ein Kaninchen schlachte und zerlege, um es zu verzehren. Es genügt laut Locke für den Eigentumserwerb jedoch schon, wenn ich ein Naturgut, um es später zu nutzen, einfach nur in Besitz nehme. Ich werde also bereits in dem Augenblick zum Eigentümer, in dem ich den Baumstamm auf den Rücken nehme oder das Kaninchen fange. Denn auch hier habe ich ja bereits meine Arbeit im Sinn körperlicher Tätigkeit mit dem Naturgut verbunden.

So schreibt Locke ausdrücklich, dass bereits mein Schöpfen von Wasser aus einer Quelle oder mein Einsammeln von Früchten – und nicht erst das Trinken des Wassers bzw. das Kochen der Früchte – diese Güter zu meinem Eigentum macht. Auch erklärt er es in diesem Zusammenhang für abwegig, den Übergang von Gemeinschaftseigentum in mein Privateigentum etwa mit der Begründung abzulehnen, es fehle hier ja an der Zustimmung der *bisherigen Eigentümer*, nämlich an der «Zustimmung der gesamten Menschheit» (Locke, S. 217 f.). In der Tat: Wenn ich, um mir im Naturzustand etwas aneignen zu dürfen, vorher der Zustimmung aller Mitmenschen bedürfte, würde ich diese schon deshalb nicht bekommen können, weil ich vorher längst verhungert wäre.

Trotzdem liegt die Frage nahe: Wieso kann irgendein Eigentum ohne jede Zustimmung des bisherigen Eigentümers legitimerweise auf mich übergehen? Was ist dieses sogenannte Gemeinschaftseigentum denn unter diesen Umständen noch wert? Ließe sich der ursprüngliche Erwerb von Eigentum nicht besser damit begründen, dass man – entgegen Lockes These 1 – die gesamte Erde von vornherein anstatt als *aller* Eigentum als *niemandes* Eigentum, also als herrenlos betrachtet (so auch Nozick, S. 250)? Herrenlose Dinge darf sich ja bekanntlich jeder ohne vorherige Vereinbarung aneignen. Im Ergebnis macht es jedoch wohl keinen Unterschied, ob man den ursprünglichen Zustand der Erde als Gemeinschaftseigentum aller oder als herrenlos betrachtet. Entscheidend ist, dass der Mensch unter den gegebenen Knappheitsbedingungen ohne die Institution des Privateigentums zumindest an Konsumgütern seine elementaren Bedürfnisse nicht hinreichend sicher befriedigen kann.

Eine besondere Bedeutung gewinnt die Aneignung von Naturgütern, sofern es sich bei diesen um Land bzw. Grund und Boden handelt. Denn die übrigen Naturgüter, die die Menschen nutzen und verarbeiten, sind häufig entweder im Übermaß vorhanden (wie Luft und Meerwasser) oder regenerierbar (wie Pflanzen und Tiere) oder eventuell durch andere Naturgüter ersetzbar (wie Öl und Kohle). Trotzdem sieht Locke, was den Erwerb von Eigentum angeht, zwischen Gütern wie Pflanzen und Tieren auf der einen und Grund und Boden auf der anderen Seite grundsätzlich keinen Unterschied. Er schreibt nämlich: «*So viel Land* ein Mensch bepflügt, bepflanzt, bebaut, kultiviert und so viel er von dem Ertrag verwerten kann, so viel ist sein *Eigentum*» (Locke, S. 219). Doch das Land dieser Erde ist ohne Zweifel von vornherein begrenzt und bleibt – anders als Tiere und Pflanzen, die nach ihrer Nutzung neu entstehen können – auch nach seiner Nutzung in seiner Identität erhalten. Insofern ergeben sich, wie wir nun sehen werden, für die legitime Aneignung gerade der Erde aus Lockes These 4 ganz besondere Probleme.

Lockes These 4 besagt nämlich, genau genommen, dass jedem Menschen an Land wie an allen Naturgütern nicht mehr und nicht weniger als ein je *gleicher* (im Sinne von: gleichwertiger) Anteil zur Aneignung verfügbar ist. Mit anderen Worten: Trotz der prinzipiellen Möglichkeit jedes Menschen, sich durch die Bearbeitung von Grund und Boden Eigentum zu verschaffen, muss jeder seiner Mitmenschen die Möglichkeit behalten, sich auf dieselbe Weise ebenso wertvolles Eigentum zu verschaffen. Wenn diese Bedingung durch die Aneignung eines Stückes Land verletzt würde, hat niemand das Recht, dieses Stück Land wirklich in sein Eigentum zu überführen.

Beispiel 1. Nehmen wir an, einhundert Schiffsbrüchige stranden kurz hintereinander auf einer herrenlosen Insel, die so klein ist, dass sie ohne Weiteres von einhundert oder noch weniger Menschen restlos genutzt werden kann. Dann kann laut Locke jeder der einhundert Gestrandeten genau den hundertsten Teil der Insel durch Investition seiner Arbeitskraft zu seinem legitimen Eigentum machen. (Wir gehen dabei im Sinne Lockes davon aus, dass die verschiedenen Teile der Insel, was ihre Nutzbarkeit betrifft, den gleichen Wert besitzen.)

Locke ist also der Überzeugung, dass die Entstehung von Eigentum bzw. die Erstaneignung von Grund und Boden so zu erfolgen hat, dass jedem an der betreffenden Aneignung interessierten Mitmenschen ein gleicher Anteil zusteht (siehe auch Locke, S. 201 f.). Und jedenfalls dann, wenn man dieses gleiche Recht auf Grund und Boden im Sinne eines Prima-facie-Rechts versteht, dürfte es schwer sein, zu dieser Sichtweise eine überzeugende Alternative zu finden. Es ist nicht erkennbar, nach welchem anderen Kriterium etwa in dem Inselbeispiel die Aufteilung der Insel erfolgen sollte bzw. auf welches andere Kriterium sich die Gestrandeten vernünftiger einigen könnten. Sollen die siebzig zuerst auf der Insel Eingetroffenen etwa die gesamte Insel einnehmen dürfen – mit der Folge, dass die dreißig eine Stunde später Eingetroffenen unter Umständen verhungern müssen? Oder soll es auf der Insel in *jedem* Fall zu einem Kampf aller gegen alle um einen jeweils möglichst großen Anteil an der Insel kommen? Beide diese Lösungen dürften kaum im gemeinsamen, intersubjektiven Interesse aller auf der Insel Gestrandeten liegen.

Wie soll man Güter, die bislang niemandem gehörten, an denen bislang also überhaupt keine Rechte bestanden, unter mehrere auf die Nutzung dieser Güter zum Überleben angewiesene Personen im allgemeinen Einverständnis auf faire Weise aufteilen, wenn nicht im Prinzip durch eine Aufteilung zu *gleichen Teilen*? Man vergleiche mit der Verteilung der Insel etwa die Hilfsaktion für die Bewohner einer Ortschaft, die aufgrund einer Naturkatastrophe sämtlich ihre Unterkunft verloren haben. Würde nicht auch hier jedenfalls prima facie (sofern also keine besonderen Bedürfnisse etwa aufgrund von Krankheit ersichtlich sind) jeder Bewohner als selbstverständlich davon ausgehen, dass er gerechterweise eine Notunterkunft von *gleicher* Qualität und Dauer wie jeder andere erhält? In beiden Konstellationen haben wir es offenbar mit einem der eher seltenen Fälle von Verteilungsgerechtigkeit zu tun, in denen einerseits klar ist, dass nach Lage der Dinge jeder Betroffene einen Anspruch hat, und andererseits für das spezielle Maß der Verteilung keine relevanten Kriterien ersichtlich sind (vgl. S. 32).

Beispiel 2. Nehmen wir an, zwei Jahre nach der gleichen Verteilung der Insel unter die einhundert Schiffsbrüchigen stranden erneut zwanzig Schiffsbrüchige auf der Insel. Wie sollen die einhundert Inseleigentümer mit diesen Menschen umgehen? Die folgenden Lösungen erscheinen diskutabel: 1. Die Inseleigentümer stellen, soweit sie Bedarf haben, die Neuankömmlinge als Arbeiter auf ihren Grundstücken ein und versorgen die restlichen Neuankömmlinge – im Sinne der Anerkennung ihres Anspruchsrechts auf Leben – jedenfalls mit dem Existenzminimum (siehe S. 48 ff.). 2. Die Inseleigentümer nehmen eine neue Gleichverteilung der Insel vor mit dem Ergebnis, dass jeder Inselbewohner nunmehr den einhundertundzwanzigsten Teil der Insel besitzt.

2

Der Übergang des Eigentums

Lösung 1 kann bei näherem Hinsehen wohl kaum als gerecht gelten. Soll etwa derjenige, der sich eine ganze Insel als zufälliger Erstankömmling zunächst rechtmäßig angeeignet hat, an seinem Eigentum zulasten aller späteren Ankömmlinge wirklich lebenslang festhalten dürfen? Womit wir es hier zu tun haben, ist die Frage nach einer möglichen Neuverteilung des bestehenden Eigentums in Form eines Übergangs bzw. einer Übertragung von Eigentumsanteilen an weitere Berechtigte. Und zwar geht es hier um eine Neuverteilung des vorhandenen Eigentums speziell unter Bedingungen der Knappheit: Es ist schlicht kein herrenloses Land mehr vorhanden, das neu Hinzugekommene sich aneignen könnten. Was ist unter diesen Umständen eine faire Lösung? Haben die Neuankömmlinge einfach Pech gehabt und sind lebenslang auf die Nachfrage nach Arbeitskräften bzw. auf eine Minimalversorgung seitens der Erstankömmlinge angewiesen? Oder haben die Neuankömmlinge Anspruch auf eine Neuverteilung der Insel im Sinne der Lösung 2?

Locke gibt auf diese Fragen leider keine Antwort. Er begnügt sich vielmehr mit dem Hinweis, dass zu Beginn der Menschheitsgeschichte die Bedingung seiner These 4 für eine Aneignung mit Sicherheit erfüllt war. Denn es «gereichte diese *Aneignung* irgendeines Stückes *Land*, indem man es bebaute, niemandem zum Schaden, da noch genügend und gleich gutes Land übrigblieb, und zwar mehr, als die noch Unversorgten nutzen konnten»

(Locke, S. 229 f.). Mit anderen Worten: Die Bewohner dieser Erde hatten zu Beginn der Menschheitsgeschichte angesichts ihrer relativ geringen Anzahl überhaupt nicht die Möglichkeit, sich so viel Land anzueignen, wie sie es bei einem gleichbleibendem Landanteil für ihre Mitbewohner ohne Weiteres hätten tun dürfen. Zu einer unfairen Mehraneignung an Land und damit zu einem Verstoß gegen These 4 waren sie unter diesen Umständen also überhaupt nicht in der Lage.

Diese Annahme Lockes mag durchaus zutreffen. Sie sagt aber nicht das Geringste darüber aus, wie die entsprechende Situation, was die Verfügbarkeit von Land in Relation zur Bevölkerungszahl angeht, in späteren Zeiten der Menschheitsgeschichte aussah und wie sie in Anbetracht der begrenzten Erde und der wachsenden Zahl ihrer Bevölkerung insbesondere in unserer Gegenwart und nahen Zukunft aussieht. Inzwischen wird man ja wohl lange suchen müssen, um überhaupt noch irgendwo nutzbare Teile des Landes dieser Erde zu finden, die nach geltendem Recht *nicht* bereits im Eigentum von irgendjemandem stehen, sondern noch herrenlos sind. Ja, die Menschen müssen oft schon vorher sehr viel Arbeit investiert haben, um durch einen Kauf Eigentümer eines Stückes Land zu werden, das sie dann zu ihrem Vorteil nutzen können. Wir sind in der Realität also mit Bedingungen der Knappheit konfrontiert, wie sie in vereinfachter Form jedenfalls in der zweiten Version unseres Inselbeispiels vorliegen. Die Rolle der Neuankömmlinge in dieser Version spielen in der Realität dabei seit langem die stets folgenden, oft wachsenden neuen Generationen.

Die entscheidende Frage lautet also: Welche Konsequenzen ergeben sich aus Lockes prinzipieller Forderung nach Gleichverteilung von Grund und Boden dann, wenn zu einem späteren Zeitpunkt mehr Menschen in dem betreffenden Gebiet leben als zum Zeitpunkt der Erstaneignung und wenn deshalb unter Knappheitsbedingungen die gleichen Anteile, wie die Ersteigentümer sie von Anfang an besitzen, für alle nicht mehr zur Verfügung stehen, wenn also allein eine Neuverteilung zu einer umfassenden Gleichverteilung führen kann? Unter dieser Bedingung kann, ja muss man doch wohl die Frage stellen, ob die bestehenden Eigentumsverhältnisse wirklich legitim sind oder ob sie gerechterweise eigentlich beseitigt bzw. in irgendeiner Weise korrigiert werden müssen.

Locke geht auf diese Frage, wie gesagt, nicht ein. Er scheint kein Problem darin zu sehen, dass später angekommene Schiffsbrüchige, ja ganze spätere Generationen der Ersteigentümer sich mit den Folgen der ursprünglichen Eigentumsverteilung, sofern diese als solche legitim war, abzufinden haben. Dabei geht er offenbar davon aus, dass spätere Eigentumsänderungen zwar in Form von Eigentumsübertragungen möglich, aber nur dann legitim sind, wenn sie auf der beiderseitigen Zustimmung des früheren und des neuen Eigentümers basieren. Diese Annahme entspricht im Kern gewiss allgemein verbreiteten Gerechtigkeitsvorstellungen. Wer würde dem nicht zustimmen, dass ein Eigentumsübergang, der auf einer Zustimmung der betroffenen Personen beruht – der also auf ein Kauf- oder Tauschgeschäft, auf eine Schenkung oder auf eine Vererbung zurückgeht –, im Prinzip auch legitim ist?

Jedes heutige Eigentum steht so gesehen durchaus im Einklang mit der Gerechtigkeit, das 1. ursprünglich auf legitime Weise angeeignet und außerdem 2. im Laufe der Zeiten durch eine Kette jeweils freiwilliger Akte übertragen wurde. Daraus folgt jedoch nicht unbedingt, wie Locke offenbar annimmt, dass letzteres Verfahren die *einzige* Form eines legitimen Eigentumsübergangs ist, dass also nach der ursprünglichen Eigentumsaneignung jeder spätere Eigentumsübergang, der *nicht* diesem Verfahren folgt, nur illegitim sein kann.

Betrachten wir erneut das Inselbeispiel 2 (siehe S. 96). Könnte Locke sich hier auf der Grundlage seiner These 4 tatsächlich mit der Lösung 1 abfinden? Müsste er sich konsequenter- und ehrlicherweise nicht doch für Lösung 2 entscheiden? Dürfen die zufällig zuerst auf der Insel Angekommenen tatsächlich mit der Insel machen, was sie wollen? Ich glaube, es gibt hier noch eine weitere Alternative – eine Lösung 3, die sich einem Vertreter der Locke'schen Gleichverteilungsthese bei näherer Überlegung eigentlich aufdrängt.

Man bedenke: Lösung 2 mit dem Ergebnis einer *erneuten* Gleichverteilung der gegenwärtigen Insel lässt offenbar folgenden sehr wichtigen Gesichtspunkt unberücksichtigt: Alle bisherigen einhundert Inselbewohner haben von Beginn an Arbeit in ihren jeweiligen Grund und Boden investiert – sonst wären sie gemäß Locke ja gar nicht Eigentümer geworden. Durch diese investierte Arbeit und ihre Resultate aber hat der jeweilige Grund und Boden gegenüber dem Urzustand im Normalfall zweifellos an Wert gewonnen.

Dabei ist realistischerweise davon auszugehen, dass die Eigentümer im Laufe der seit der Aneignung vergangenen zwei Jahre mit ihren Grundstücken – aufgrund unterschiedlicher Fähigkeiten, Nutzungskonzepte sowie Anstrengungen – durchaus unterschiedliche Ergebnisse und damit auch einen unterschiedlichen Wertzuwachs der Grundstücke erwirtschaftet haben. Ja, möglicherweise haben einige Eigentümer einigen Mitbürgern deren Grundstücke bereits ganz oder teilweise abgekauft und beschäftigen einige dieser Mitbürger seitdem auf den eigenen, nunmehr vergrößerten Grundstücken als Arbeitskräfte.

Kurzum: Die Grundstücke haben normalerweise durch die in sie im Lauf der Zeit investierte Arbeit an Wert gewonnen, und dies in unterschiedlichem Maße. Wäre es unter diesen Umständen aber begründbar, dass die Neuankömmlinge gemäß der Lösung 2 an diesem Wertzuwachs ohne Weiteres partizipieren und dass die ursprünglichen Eigentümer einen Teil ihrer Grundstücke, die inzwischen erheblich mehr wert sind als zum Zeitpunkt ihrer ursprünglichen Inbesitznahme, einfach wieder verlieren? Sollen die Neuankömmlinge also nicht nur nicht darunter leiden, dass sie später als die Erstankömmlinge die Insel erreicht haben, sondern sollen sie von dem inzwischen realisierten Mehrwert der Grundstücke auf Kosten der Erstankömmlinge sogar profitieren?

Das wäre gewiss keine faire Lösung des Problems. Und es gibt in der Tat eine andere Lösung, Lösung 3, die wie folgt aussieht: Jedem der Neuankömmlinge steht zwar nicht der einhundertundzwanzigste Teil der gegenwärtigen Insel zu, wohl aber der einhundertundzwanzigste Teil des Wertes, den die Insel in unbearbeiteter Form zur Zeit haben würde bzw., anders formuliert, der derzeitige Wert eines einhundertundzwanzigsten, unbearbeiteten Teiles der Insel. Auf diese Weise bleibt nämlich der Wert der investierten Arbeit den bisherigen Eigentümern voll erhalten. Sie müssen nunmehr lediglich auf jenen Wert ihrer Grundstücke zugunsten der Neuankömmlinge verzichten, auf den diese im Zuge der Gleichverteilung der Insel im unbearbeiteten Zustand Anspruch haben.

Der gesuchte Wert dürfte sich dabei am ehesten dadurch ermitteln lassen, dass man entweder einen tatsächlichen inzwischen brachliegenden oder einen fiktiven unbearbeiteten einhundertundzwanzigsten Anteil der Insel auf dem freien Markt anbietet. Nehmen wir an, der so ermittelte Wert eines neuen, also einhundertundzwanzigsten Anteils liegt bei 5000 Euro. Benötigt werden für die zwanzig Neuankömmlinge dann insgesamt 100 000 Euro, und jeder der einhundert Ersteigenümer ist verpflichtet, 1000 Euro in eine gemeinsame Kasse zu zahlen, so dass im Ergebnis jeder Neuankömmling für sein fehlendes Landeigentum in Höhe von 5000 Euro entschädigt werden kann.

Um es, bezogen auf diese Neuverteilung nach Lösung 3, nochmals zu betonen: Die Werteinbuße der Ersteigentümer von jeweils 20/120, also einem Sechstel ihrer früheren Grundstücke, bezieht sich lediglich auf den Grundstückswert in unbearbeiteter Form. Der Mehrwert, den die Ersteigentümer tatsächlich im Laufe der seit der Aneignung vergangenen zwei Jahre – etwa durch den Bau von Häusern oder die Pflanzung von Ölbäumen – auf ihren Grundstücken geschaffen haben, fällt nicht unter die Neuverteilung.

Vielleicht wird mancher Leser meinen, eine solche Neuverteilung des Eigentums sei unzulässig, weil sie ja nicht notwendig freiwillig erfolge und insofern auf eine Art Enteignung der bisherigen Eigentümer hinauslaufe. Diese Bewertung aber ist unzutreffend, falls man die Locke'sche Verteilungsthese akzeptiert. Es ist wenig plausibel, dass die zufällig zuerst Gekommenen ein exklusives, zeitlich unbegrenztes Eigentumsrecht an Grund und Boden auf Kosten der zufällig später Gekommenen genießen sollen. Wenn es aber (wie in Beispiel 1) keinen Unterschied macht, wenn die später Gekommenen eine Stunde später eintreffen, warum soll es dann einen Unterschied machen, wenn sie (wie in Beispiel 2) zwei Jahre später eintreffen? Dass die zuerst Gekommenen in der Zwischenzeit möglicherweise viel Arbeit in ihre Grundstücke investiert haben, kann doch nicht entscheidend sein, da sie 1. die Grundstücke als solche ja behalten dürfen und 2. nicht für den Wertzuwachs aufgrund ihrer Arbeitsleistung, sondern allein für den Wert der Grundstücke als solche eine zur Gleichverteilung dieses Wertes führende Kompensation zahlen müssen.

Man betrachte zum Vergleich folgendes Szenario: Von den einhundert ursprünglichen Inselbewohnern in Beispiel 1 haben zwanzig je ein Kind und die übrigen achtzig je vier Kinder. Das führt nach traditionellem Erbrecht zu folgender Eigentumsverteilung in der nächsten Generation: Zwanzig Bewohner besitzen je 1 Hundertstel der Insel, und dreihundertundzwanzig Bewohner besitzen je 2,5 Tausendstel der Insel, also jeweils nur 1/4 so viel wie jeder der zwanzig Bewohner. Ist dies etwa eine faire

Neuverteilung der Insel? Haben die dreihundertundzwanzig Erben nicht eigentlich jeweils denselben Anteil an der Insel (in ihrer unbearbeiteten Form!) verdient wie jeder der zwanzig Erben? Müssten die dreihundertundvierzig neuen Bewohner der Insel einander nicht fairerweise wie Neuankömmlinge auf der Insel behandeln, die sich ein Land, das nach dem Tod der bisherigen Eigentümer wieder herrenlos geworden ist, von neuem aneignen? Wie stünden sonst insbesondere solche neuen Bewohner der Insel da, die in Wahrheit gar nichts geerbt haben, da ihre Eltern die Grundstücke verkauft und das Geld verprasst hatten?

Wieso gilt für eine neue Generation von Menschen nicht dasselbe Lockesche Prinzip der Gleichverteilung, das jedenfalls für die erste Generation der Menschen galt? Es stimmt zwar, dass die Eltern der nachfolgenden Generation ihre Grundstücke als Ersteigentümer rechtmäßig in Besitz genommen haben. Folgt daraus aber ohne Weiteres, dass auch deren jeweilige Kinder sie allein durch Erbschaft in exklusiver Weise rechtmäßig erwerben können, ja dass auch noch die Nachkommen viel späterer Generationen durch eine lange Kette von Vererbungen zu exklusiven rechtmäßigen Eigentümern der Grundstücke werden können? Das erscheint mir keineswegs als selbstverständlich, und ich kann die Auffassung schwer nachvollziehen, wonach der Erwerb sowie die uneingeschränkte Übertragung jeglichen Eigentums auf Prinzipien beruhen, die «ewig und universell gültig sind» (so H.-H. Hoppe, *Demokratie*, Waltrop 2003, S. 381).

Zwar haben die Ersteigentümer, wie schon gesagt, in der Regel ihre Arbeitskraft in ihre Grundstücke investiert und dadurch deren Wert gesteigert. Daraus folgt aber lediglich, dass sie über diese Wertsteigerung beliebig verfügen können, sie also unter anderem auch an ihre Kinder oder andere Menschen vererben können. Es spricht aber absolut nichts dafür, dass sie auch über die Anteile der ursprünglich allen Menschen gemeinsam bzw. keinem einzigen Menschen allein gehörenden Erde, die sie für die

Sicherung ihres Lebensunterhalts als Eigentümer nutzen durften, über ihren Tod hinaus im Wege der Vererbung zugunsten ganz bestimmter Menschen – und damit zum Nachteil aller anderen Menschen – verfügen dürfen.

Nehmen wir in unserem Inselbeispiel etwa an, sämtliche ursprünglichen Inselbewohner vermachen ihr Land freiwillig einem jungen Guru. Wovon sollen dann die Bewohner der nächsten Generation ihr Leben fristen? Sind sie etwa auf einen ihnen vielleicht zustehenden Pflichtteil des Erbes oder auf den Großmut des Gurus angewiesen? Steht ihnen die Insel nicht vielmehr ebenso in vollem Umfang zu wie seinerzeit ihren Eltern? Anders gesagt: Muss jener Teil der Erde, der im Eigentum eines bestimmten Menschen steht, mit dessen Tod nicht automatisch wieder in seine ursprüngliche Lage des Gemeinschaftseigentums bzw. der Herrenlosigkeit zurückfallen – um nun erneut an alle neuen Bewohner des betreffenden Landes gleich verteilt zu werden?

Die Gleichverteilung der Landanteile an alle Bewohner eines Gebietes bzw. alle Mitglieder einer Gesellschaft hat nach dieser Sichtweise zwei gleichermaßen wichtige Aspekte. Erstens muss eine Neuverteilung in der Form stattfinden, dass ein Mitglied einer neuen Generation auf dem Weg der Neuverteilung aller Anteile an Grund und Boden an alle derzeit lebenden Mitglieder den ihm zukommenden gleichen Anteil bzw. einen entsprechenden finanziellen Ausgleich erhält. (Siehe hierzu S. 100 ff.) Und zweitens muss eine Neuverteilung in der Form stattfinden, dass der Anteil eines bisherigen Eigentümers, der verstorben ist, wieder ins Gemeinschaftseigentum zurückfällt, das heißt zulasten der Erben des bisherigen Eigentümers allen derzeit lebenden Mitgliedern der Gesellschaft wertmäßig zu gleichen Teilen gutgeschrieben bzw. mit ihrer Steuerpflicht verrechnet wird.

An der Neuverteilung zulasten der Erben ändert sich auch dann nichts, wenn der verstorbene X etwa sein Grundstück zu

Lebzeiten verkauft hat. Auch in diesem Fall tritt die Neuverteilung des Grundstückswertes erst mit dem Tod von X ein. Denn falls X sein Grundstück rechtmäßig erworben hatte, durfte er es zu Lebzeiten natürlich auch beliebig nutzen bzw. gegen andere Güter tauschen. Auch in diesem Fall wird der Wert seines Grundstücks also mit seinem Tod zum Zweck der Neuverteilung an alle derzeit lebenden Mitglieder der Gesellschaft seinem hinterlassenen Gesamtvermögen entnommen.

Anders sieht die Sache jedoch dann aus, wenn X sein Grundstück bzw. dessen Wert zu Lebzeiten nicht verkauft, sondern verschenkt. Denn in diesem Fall hat der Beschenkte ja ebenso wie der Erbe für seinen Erwerb keine Leistung erbracht und muss deshalb sogleich den Wert des reinen Grundstücks an die Gesellschaft abtreten. Außerdem sei an dieser Stelle auf die Möglichkeit hingewiesen, dass X sein Grundstück verkauft und anschließend sein gesamtes Vermögen verbraucht, so dass er gar kein Vermögen mehr verschenken oder vererben *kann*. In diesem Fall ist eine Neuverteilung zugunsten der Gesellschaft einfach nicht mehr realisierbar.

Dabei ist zu bedenken: Zwar werden die *Erstaneigner* von Eigentum (wie im Inselbeispiel 1) gerechterweise einen gleichen Anteil am realen Grund und Boden erhalten. Die *späteren* Eigentümer als Folge einer neuen Gleichverteilung werden jedoch, wie schon gesagt, normalerweise stattdessen einen von den bisherigen Eigentümern erbrachten finanziellen Ausgleich erhalten. Es wäre ja kaum sinnvoll, etwa ein Gebiet, das von neunhundertundfünfzig Eigentümern zu gleichen Teilen besessen wird, nachdem inzwischen fünfzig weitere Menschen es bewohnen, nunmehr in eintausend gleiche Teile aufzuteilen. Durchaus sinnvoll jedoch ist es, von jedem der neunhundertundfünfzig bisherigen Eigentümer zum Ausgleich für die fünfzig neuen Bewohner einen finanziellen Beitrag in Höhe von 50:1000, also von 5 % des Wertes ihres jeweiligen Grund und Bodens zu verlangen.

Schließlich sei auch hier noch einmal darauf hingewiesen, dass die gerechte Neuverteilung, wie ich sie vertrete, lediglich den jeweils aktuellen Wert des *bloßen* (unbearbeiteten) Grund und Bodens betrifft – also den aktuellen Wert des jeweils *realen* (mehr oder weniger bearbeiteten) Grund und Bodens abzüglich jenes Mehrwertes, der auf seine Bearbeitung (wie etwa den Bau eines Hauses oder die Kultivierung zum Zweck landwirtschaftlicher Nutzung) zurückgeht. Auch aus diesem Grunde wäre es ja einigermaßen unsinnig, den *realen*, also bearbeiteten Grund und Boden – nach Abzug seines für den Mehrwert stehenden Teiles – an alle Bewohner erneut gleich zu verteilen.

Nach alledem ist es zwar nicht möglich, das bloße Grundstück oder seinen Wert von einem Bewohner zum Zeitpunkt seines Ablebens zurückzubekommen, falls der Betreffende stirbt, ohne irgendwelches Vermögen zu hinterlassen. Das schließt aber nicht aus, dass derjenige, der tatsächlich ein Grundstück erbt oder (was auf dasselbe hinausläuft) geschenkt bekommt, dessen Wert, bezogen auf das bloße Grundstück, zur Neuverteilung abgeben muss. Und es schließt ebenfalls nicht aus, dass derjenige, der zu einem künftigen Zeitpunkt lediglich den Geldwert des bloßen Grundstücks erbt oder geschenkt bekommt, diesen Geldwert ebenfalls zur Neuverteilung abgeben muss.

Diese Lösung scheint mir prinzipiell ebenso realisierbar wie auch gerecht zu sein. Denn die Erben oder Beschenkten haben ja ihrerseits nichts in das Grundstück bzw. in seinen Wert investiert und insofern auch nichts von diesem Wert verdient. Dass ihnen jedoch trotzdem der Mehrwert (im oben genannten Sinn des Wortes) des Grundstücks bzw. des Vermögens zukommt bzw. verbleibt, lässt sich damit begründen, dass derjenige, von dem sie das Grundstück bzw. das Vermögen erhalten haben, den Mehrwert durch seinen Einsatz geschaffen hat und insofern im Prinzip auch frei darüber verfügen kann. Das bloße Grundstück dagegen bzw. sein Wert gehörte ja zu Beginn allen Mitgliedern der betreffenden Gesellschaft gemeinsam und muss deshalb, nachdem sein Eigentümer, der es zu Lebzeiten nutzen durfte, verstorben ist, soweit möglich auch wieder in das Eigentum aller derzeit lebenden Mitglieder übergehen.

Es lohnt jedoch, auch noch einen näheren Blick auf die Vererbung und Schenkung von Eigentum ganz allgemein – also nicht nur von Landeigentum – zu werfen. Im Ansatz erscheint es, wie gesagt, durchaus plausibel, dass jemand etwa ein großartiges Schloss, das er sich selbst gebaut hat bzw. hat bauen lassen, abgesehen von dem Wert des Grundstücks an seine Erben übertragen darf. Daraus scheint dann aber zu folgen, dass auch deren Erben es wiederum an ihre Erben übertragen dürfen – und so weiter und so fort. Ist es aber wirklich plausibel, dass auch den heutigen Erben 450 Jahre bzw. 15 Generationen nach dem Bau des Schlosses immer noch dasselbe Eigentum an diesem zusteht wie den ersten Erben vor 420 Jahren? Wodurch haben die heutigen Erben denn das Schloss verdient? Natürlich durch nichts. Andererseits: Wodurch haben die ersten Erben vor 420 Jahren das Schloss verdient? Doch ebenfalls durch nichts.

Trotzdem spricht im letzteren Fall alles, wie schon gesagt, dafür, dem Willen des Erblassers, der das Schloss geschaffen hat, nachzukommen: Wenn er das Schloss, das sein Eigentum war, nach Belieben etwa verkaufen oder verschenken durfte, durfte er es doch sicher auch nach seinen Wünschen vererben. Das ist überzeugend. Doch welche Rolle, so muss man fragen, können diese Wünsche noch heute, 420 Jahre später spielen? Ich kann mir zwar gut vorstellen, dass ich den Wunsch hätte, dass auch meine mir vertrauten Enkel noch eines Tages mietfrei in meinem derzeitigen Haus wohnen können. Trifft dies aber auch noch auf meine Nachkommen nach ca. 400 Jahren zu? Ja, trifft es auch auf jene Erben zu, die gar nicht meine Nachkommen sind, sondern die sich irgendwelche späteren Nachkommen von mir in dieser oder jener Generation nach ihrem Belieben als Erben ausgesucht haben? Das erscheint mir mehr als fraglich. Aus der bloßen Tatsache, dass mir daran liegt, dass meine Enkel mein Haus erben, folgt doch noch nicht, dass mir ebenso daran liegt, dass meine Enkel ihrerseits mein Haus nach ihren Wünschen vererben können. Und Letzteres gilt erst recht für spätere Nachkommen nach mehreren hundert Jahren.

Wie aber könnte eine Alternative zu der endlosen Vererbung aussehen? Nun, man könnte doch dafür argumentieren, dass schlechthin *alles* Eigentum in der etwa fünften Generation nach dem (letzten) Durchlauf einer progressiven Erbschaftssteuer zu einhundert Prozent in das Gemeineigentum übergeht und damit – ähnlich wie das oben behandelte Eigentum an bloßem Grund und Boden – allen Mitgliedern der Gesellschaft gleichermaßen verfügbar wird. Immerhin kann ja auch der Wert, den ein Schloss oder ein Haus oder irgendein anderer Wertgegenstand wie ein Gemälde oder ein Schmuckstück darstellt, ohne den Verbrauch und die Nutzung von diversen Naturgütern gar nicht zustandekommen – von Naturgütern, die nach der Locke'schen These im Prinzip allen Menschen bzw. allen Mitgliedern einer Gesellschaft gehören.

Schließlich sei an dieser Stelle noch auf das folgende Problem der Eigentumsübertragung beliebiger Gegenstände hingewiesen. Durch die Eigentumsübertragung vonseiten eines anderen Menschen (ob durch Kauf, Schenkung oder Erbschaft) kann A offensichtlich nur dann zum legitimen Eigentümer werden, wenn auch dieser andere Mensch zum Zeitpunkt der Übertragung legitimer Eigentümer ist. Wenn dies jedoch *nicht* der Fall ist, erlangt nicht nur A durch die Übertragung kein Eigentum, sondern *sämtliche* Personen, an die der betreffende Gegenstand später von A bzw. seinen Nachfolgern übertragen wird, erlangen ebenfalls kein Eigentum. Denn selbstverständlich kann eine Eigentumsübertragung nicht dadurch legitim werden, dass ihr statt einer sogar mehrere illegitime Übertragungen vorausgehen (in diesem Sinn auch Nozick, S. 218 ff.).

Spricht nun aber, wenn man in die Geschichte blickt, nicht sehr vieles dafür, dass jedenfalls ein erheblicher Teil des Grund und Bodens, den heute die Menschen in den bevölkerten Ländern als ihr Eigentum betrachten, irgendwann im Laufe der Jahrhunderte einem legitimen Eigentümer anstatt in Form einer freiwilligen Übertragung auf gewaltsame Weise genommen wurde? Wenn das aber zutrifft, dann hat nach dem oben Gesagten nicht nur die damalige gewaltsame Wegnahme nicht zu einem legitimen Eigentumserwerb durch den Dieb und neuen Besitzer geführt, sondern auch *alle folgenden* Übertragungen desselben aus seinem Besitz stammenden Grundstücks – wie freiwillig *diese* Übertragungen auch immer gewesen sein mögen – haben nicht zu einem legitimen Eigentumsübergang führen können.

Das betreffende, irgendwann illegitim angeeignete Grundstück steht nach richtiger Beurteilung vielmehr im Eigentum jener Person, die *tatsächlich* eine Kette von freiwilligen Übertragungen bzw. Erbschaften (wenn auch nicht von wirklichen Inbesitznahmen) mit dem legitimen Ersteigentümer verbindet. Die große Frage ist zweifellos: Was ist zu tun, wenn diese Person heute nicht mehr zu ermitteln ist? Spricht unter diesen Umständen nicht alles dafür, das Grundstück heute als herrenlos zu behandeln bzw. es in das Gemeineigentum der Gesellschaft zu überführen und so jedem Mitglied einen gleichen Anteil an ihm zukommen zu lassen?

Natürlich kann ein solches Vorgehen nur als gerechtfertigt gelten, wenn sich mit einer gewissen Wahrscheinlichkeit zeigen lässt, dass im Laufe der Zeiten zumindest eine illegitime Übertragung auch wirklich stattgefunden hat. Dies dürfte jedoch, was gerade den Grund und Boden und dessen Immobilien betrifft (man denke an die vielen riesigen Parkanlagen mit ihren Schlössern), aufgrund historischer Untersuchungen in nicht wenigen Fällen durchaus möglich sein. Auch in diesen Fällen wird man die jetzigen Besitzer und angeblichen Eigentümer natürlich dafür entschädigen müssen, was sie bzw. ihre näheren Vorfahren an Arbeit in ihren Besitz investiert haben.

3
Zusammenfassung

Alles in allem wird man, was insbesondere das Eigentum an Grund und Boden angeht, gerechterweise kaum annehmen dürfen, dass der Status quo stets legitim ist. Wer das annimmt, denkt wenig konsequent. Denn wenn Locke Recht hat, dass die erste Generation der Menschen sich den Grund und Boden zu gleichen Teilen aneignen darf, warum dürfen dies dann nicht auch spätere Generationen tun? Und wenn A heute als Dieb eines Schmuckstücks nicht dessen Eigentümer werden kann, wieso kann dann ein Schmuckstück As Eigentum sein, das einer seiner Vorfahren irgendwann gestohlen hat? Und wenn das sogenannte geistige Eigentum (etwa an einem Roman) siebzig Jahre nach dem Tod des Autors erlischt, wieso muss dann das materielle Eigentum (etwa an einem Gemälde) sogar siebenhundert Jahre nach dem Tod seines Schöpfers prinzipiell für seine späten Erben noch Bestand haben?

Es ist erstaunlich, dass der Ausgleich zwischen den Menschen für ihr unverdientes Glück und Wohlergehen als Forderung der Gerechtigkeit in der heutigen Sozialphilosophie zwar große Beachtung findet, was die unverdienten *natürlichen Anlagen* und *sozialen Chancen* angeht (siehe Kapitel III), kaum aber, was ihre mindestens ebenso unverdienten *Geschenke* und *Erbschaften* angeht. Unvoreingenommen betrachtet, spricht weit mehr für den letzteren Ausgleich.

Denn meine Anlagen gehören mir doch deshalb, weil sie, ebenso wie mein Körper, Teil meiner Identität sind. Und dass ich als Jugendlicher gegenüber dem Kind eines Hilfsarbeiters soziale Vorteile genießen konnte, lag daran, dass meinen Eltern ja nicht verboten werden konnte, ihre Fähigkeiten und ihren selbst erarbeiteten Wohlstand für ihre selbstgewählten Ziele einzusetzen. Es wäre doch grotesk, wenn Eltern mit ihrem Engagement und ihrem Geld zwar einen Fußballverein oder eine politische Partei, nicht aber die Bildung ihrer Kinder fördern dürften!

Das Vermögen, das ich von jemandem erbe, hat demgegenüber mit meiner Person viel weniger zu tun. Denn es ist nicht nur von mir völlig unverdient bzw. beruht in keiner Weise auf meiner eigenen Leistung. Und es fehlt, sofern ich es erhalte, nicht nur automatisch auch meinen Mitmenschen. (Man denke etwa an eine geerbte Fabrik oder einen geerbten Schlosspark.) Sein Erwerb lässt sich auch nach mehreren Generationen auf die konkrete Absicht dessen, der es ursprünglich erarbeitet hat, gar nicht mehr zurückführen. Während meine Eltern es erleben konnten, dass sie mich förderten und unterstützten, und sich über das Ergebnis freuen konnten, erlebt ein Erblasser ja nicht einmal die Auswirkung seiner Erbschaft auf die unmittelbaren Erben, geschweige denn auf die ihm völlig unbekannten Erben späterer Generationen, die ja auch gar nicht seine Nachkommen sein müssen.

Hinzu kommt schließlich noch der pragmatische Gesichtspunkt, dass es zwar so gut wie ausgeschlossen ist, zu differenzieren, inwieweit etwa meine beruflichen Erfolge auf Veranlagung, natürlicher und sozialer Umwelt, Zufall oder persönlichem Einsatz beruhen (siehe S. 82 ff.), dass es aber ungleich leichter ist zu ermitteln, was ich von meinen Vorfahren oder anderen Menschen an Vermögen geschenkt bekommen oder geerbt habe.

V

Der gerechte Staat

Was ist ein Staat? Ein Staat ist, kurz gesagt, ein ganz besonderes Machtgebilde: eine soziale Institution, die auf einem bestimmten Teil der Erde das Machtmonopol oder die höchste Dominanz besitzt. Der Staat ist danach zwar nicht unbedingt das einzige Machtgebilde auf dem betreffenden Gebiet. Er ist jedoch jenes Machtgebilde, das insofern die *höchste* Macht besitzt und ausübt, als es sich in einem Konfliktfall mit einem anderen Machtgebilde (wie einem Industriekonzern, einer Gewerkschaft, einer Kirche oder einer Mafiaorganisation) jedenfalls im Regelfall durchsetzt.

Was spricht dafür, dass es in einer menschlichen Gesellschaft überhaupt so etwas wie einen Staat gibt? Es ist gewiss nicht überzeugend, das Machtgebilde des Staates als Selbstzweck zu befürworten. Der einzig vernünftige Grund für die Existenz des Staates kann vielmehr nur lauten, dass es im wohlverstandenen Interesse der Individuen, der Bürger einer Gesellschaft liegt, ein Machtgebilde wie den Staat zur Existenz zu bringen und ihm gewisse Befugnisse einzuräumen – Befugnisse, die insbesondere eine erfolgreiche Umsetzung der begründeten Gerechtigkeitsnormen zum Gegenstand haben.

Dass die begründeten Gerechtigkeitsnormen sich im Rahmen eines Staates prinzipiell besser verwirklichen lassen als in einer staatslosen Gesellschaft, ist in der Tat mehr als plausibel. Zwar ist die Annahme verfehlt, dass in einem staatslosen Zustand *gar keine* sozialen Normen – und damit auch keine begründeten Gerechtigkeitsnormen – in einem gewissen Maße Akzeptanz und Befolgung finden können. Denn diese Annahme trifft jedenfalls auf jene Normen nicht zu, die der Sicherung von Abwehrrechten (wie dem Recht auf Leben oder dem Eigentumsrecht) dienen. Trotzdem führen auch hier normalerweise die massiven Sanktionen des Staates zu einer deutlich größeren Wirksamkeit der betreffenden Normen als die bloß informellen Sanktionen einer geltenden Sozialmoral. Man vergleiche etwa die Folgen eines staatlichen mit den Folgen eines lediglich moralischen Diebstahlverbots.

Noch deutlicher aber erscheint die Notwendigkeit des Staates, wenn es um die Realisierung begründeter Anspruchsrechte geht. Denn genau welche Bürger sollten als Individuen in genau welchem Umfang verpflichtet sein, etwa die Grundsicherung der Bedürftigen zu gewährleisten? Allein der Staat hat hier realistischerweise die Möglichkeit, die betreffende Verpflichtung in gebührender Weise zu erfüllen.

Natürlich ist so gesehen nicht jeder beliebige Staat in seiner Existenz legitimiert. Voraussetzung ist vielmehr, dass der Staat auch tatsächlich jene Gerechtigkeitsnormen, die als begründet gelten können, mit rechtlichen Mitteln durchsetzt. Genauer gesagt: Der Staat muss bereit sein, sich zumindest die wichtigsten der in Kapitel II genannten Normen der Grundgerechtigkeit, über die als Forderungen der Menschenrechte weitgehende Einigkeit besteht, zu eigen zu machen. Ein Staat, der im Sinne der Grundgerechtigkeit jedenfalls unser Leben schützt, ist selbst dann, wenn er im Sinne der Verteilungsgerechtigkeit vielleicht fragwürdige Ziele verfolgt, noch immer besser als gar kein Staat. Und dies trifft unter der genannten Bedingung auch auf einen Staat zu, der sich die Demokratie im Sinne der Volkssouveränität bislang nicht auf seine Fahnen geschrieben hat.

1
Die Aufgaben des Staates

Dass der Staat die Aufgabe hat, die Durchsetzung der begründeten Gerechtigkeitsnormen in der Gesellschaft sicherzustellen, besagt nicht notwendig, dass der Staat *nur* diese Aufgabe wahrnehmen darf. Es dürfte in der Tat kaum einen realen Staat geben, der nicht auch weitere Aufgaben wahrnimmt. Welche weiteren Aufgaben aber soll bzw. darf der Staat legitimerweise wahrnehmen?

In unseren heutigen westlichen Staaten herrscht weitgehend die Meinung, der Staat habe in der Tat die Befugnis, *beliebige* weitere Aufgaben wahrzunehmen, sofern die folgenden beiden Bedingungen erfüllt sind: 1. Die staatlichen Entscheidungen kommen auf demokratischem Wege zustande. 2. Der Staat verletzt nicht die Grundrechte seiner Bürger.

Hierzu ist Folgendes zu sagen. Sofern die Demokratie die einzig legitime Form des Staates ist, ist Bedingung 1 zweifellos zutreffend. (Wie oben, S. 10, gesagt, habe ich die Frage nach der legitimen Form staatlicher Herrschaft aus diesem Buch bewusst ausgeklammert.) Was andererseits Bedingung 2 angeht, so wird man auch dieser Bedingung ohne Weiteres zustimmen können. Das Problem besteht jedoch darin, dass diese Bedingung nach meiner Überzeugung für gewöhnlich nicht umfassend genug verstanden wird. Es kommt hier nämlich alles darauf an, worin eine «Verletzung von Grundrechten» genau bestehen kann.

Sicher liegt eine Verletzung von Grundrechten, eine Grundrechtsverletzung etwa dann vor, wenn der Staat einigen seiner Bürger ohne erkennbaren Grund einen Teil ihres Vermögens wegnimmt, um damit ein beliebiges Projekt – etwa den Bau einer Konzerthalle – zu finanzieren. Das würde wohl kaum jemand bestreiten. Denn eine solche Handlung wäre, ethisch betrachtet, ohne Zweifel ebenso ein Diebstahl wie die entsprechende Handlung eines Räubers. Ist es nun aber nicht im Grunde ebenfalls ein Diebstahl, wenn der Staat sein Projekt über das Steueraufkommen der Bürger finanziert? Allein die Tatsache, dass in diesem Fall (falls das betreffende Steuersystem als solches gerecht ist) alle Bürger gleicherweise bluten müssen, kann hier doch keinen Unterschied machen. Wenn ich 100 Normalbürgern je 100 Euro raube, ist dies doch auch nicht weniger verwerflich, als wenn ich einem reichen Bürger 10 000 Euro raube. Ebenso wie der Staat – durch die Tötung seiner Bürger – deren Lebensrecht verletzen kann, kann er doch auch – durch eine zwangsweise Besteuerung seiner Bürger für beliebige Projekte – deren Eigentumsrecht verletzen. In beiden Fällen verstößt er offensichtlich gegen Normen der Grundgerechtigkeit.

Handelt es sich also auch bei der oben genannten staatlichen Handlung, dem Bauprojekt auf Kosten der Steuerzahler, ethisch betrachtet um einen Diebstahl – einen Diebstahl, wie ihn auch der Staat gerechterweise nicht begehen darf? Nun, das kommt offenbar darauf an, ob der Staat nicht doch in Wahrheit berechtigt ist, zumindest *gewisse* Projekte – und zwar Projekte, die nicht nur der Umsetzung der oben genannten Gerechtigkeitsnormen dienen – zu verfolgen und zu diesem Zweck den Bürgern Steuern abzuverlangen.

Es erscheint mir in diesem Zusammenhang als ethisch völlig unvertretbar, als selbstverständlich davon auszugehen, dass der Staat – oder jedenfalls ein demokratischer Staat – ohne Weiteres *jedes beliebige* Projekt auf Kosten der Bürger verfolgen darf. Zwar ist das Eigentumsrecht der Bürger wie jedes andere Grundrecht ein prima facie geltendes Recht, das unter gewissen Umständen verletzt werden darf bzw. zurücktreten muss. Gerade deshalb aber ist es unverzichtbar, dass derjenige, der in bestimmter Hinsicht wie bei der Verfolgung eines staatlichen Projektes eine Verletzung dieses Rechtes für zulässig hält, dafür allgemein nachvollziehbare Gründe anführen kann.

Unter welchen Voraussetzungen also können wir den Staat prinzipiell als befugt betrachten, auf Kosten seiner Bürger tätig zu werden? Im Rahmen dieser Frage ist zu bedenken, dass eine staatliche Tätigkeit ja auch schon dann mit Kosten verbunden ist (durch den Zeitaufwand der bezahlten Staatsdiener), wenn das verfolgte Projekt als solches keinerlei Kosten verursacht. So verbraucht ein Politiker ja auch dadurch Steuergelder, dass er sich während seiner eigentlichen Dienstzeit in Fußballstadien oder Festzelten präsentiert.

Nach meiner Sichtweise ist die Legitimität eines Projektes oder einer Tätigkeit, wodurch der Staat in das Leben der Gesellschaft eingreift, an zwei Kriterien oder Bedingungen gebunden, die gleichzeitig erfüllt sein müssen:

1. Das Projekt muss entweder im Interesse so gut wie aller Bürger oder im fundamentalen Interesse jedenfalls einiger Bürger liegen.

2. Das Ziel des Projektes muss unter den gegebenen Bedingungen auf privatwirtschaftlichem Wege nicht oder jedenfalls nicht vergleichbar gut erreichbar sein.

Es dürfte ohne Weiteres einleuchten, dass diese beiden Bedingungen im Fall der Durchsetzung der in den Kapiteln II und IV vorgestellten Gerechtigkeitsnormen erfüllt sind. Genau diese Normen sind es ja, deren zentrale Bedeutung für eine gerechte Gesellschaft sowie deren unzureichende Befolgung ohne staatliche Sanktionierung die eigentliche Rechtfertigung für die Existenz des Staates liefern. Dabei wird durch die in Bedingung 1 enthaltene Alternative, wonach ein Projekt auch «im fundamentalen Interesse jedenfalls einiger Bürger liegen» kann, sichergestellt, dass auch Arbeitslose oder Schwerbehinderte jenes Anspruchsrecht auf Leben besitzen, das ihnen die Versorgung mit den lebenswichtigen Grundgütern sicherstellt (siehe S. 49 ff.).

Die folgenden Überlegungen sollen nun anhand von Beispielen zeigen, dass über die Durchsetzung der in den Kapiteln II und

IV vorgestellten, fundamentalen Gerechtigkeitsnormen hinaus auch noch weitere Projekte und Maßnahmen jedenfalls in den *zulässigen* Aufgabenbereich des Staates fallen und dass die beiden oben genannten Bedingungen plausible Kriterien für die Zulässigkeit dieser Projekte sind. Ich betone in diesem Zusammenhang noch einmal, dass jegliche staatliche Tätigkeit, insofern sie mit einer finanziellen Belastung der Bürger verbunden ist, einer allgemein nachvollziehbaren Rechtfertigung bedarf. Ein Staat, der beliebige Projekte auf Kosten seiner Bürger verfolgt, verstößt nicht weniger gegen ihr Eigentumsrecht als ein Staat, der gezielt einzelne seiner Bürger ausraubt oder deren Ausraubung durch ihre Mitbürger toleriert.

Beispiel 1. Darf der Staat Straßen (sowie Brücken, Fußgängerwege etc.) bauen und instandhalten? Ich meine ja. Erstens profitieren ja auch Menschen, die selbst nicht Auto fahren, erheblich von deren Existenz, insofern sie Güter konsumieren und Dienstleistungen in Anspruch nehmen, die nur auf Straßen zeitnah geliefert werden können. Und zweitens ist kaum ersichtlich, wie ein Straßennetz, das ebenso effizient wie ein staatliches ist, auf privatwirtschaftlichem Wege zustande kommen kann. Man bedenke Folgendes.

Es ist zwar im Prinzip denkbar, dass private Firmen auf dem freien Markt Grundstücke erwerben, auf diesen Grundstücken Straßen bauen und die angefallenen Kosten durch eine von den Nutzern der Straßen erhobene Mautgebühr mit Gewinn wieder ausgleichen. Doch schon ein einziger Großgrundbesitzer könnte ja, sofern er zu keinem Preis eine Straße tolerieren und einen Teil seines Grundstücks verkaufen möchte, ein konkretes Straßenprojekt verhindern bzw. – durch notwendige Umwege oder sogar Tunnelbauten – als unproduktiv vereiteln. Der Staat hat demgegenüber in einem solchen Fall die Möglichkeit, dem Eigentümer sein Grundstück gegen eine angemessene Entschädigung zu enteignen. Außerdem ist auch nicht auszuschließen, dass in bevölkerungsarmen Gegenden auf privatwirtschaftlichem Wege überhaupt keine Straßenprojekte zustande kämen. Nach alledem sind beide oben genannten Bedingungen im Fall des Straßenbaus erfüllt.

Beispiel 2. Darf der Staat Nahrungsmittel für die Bürger herstellen? Ich meine nein. Nahrungsmittel sind zwar für jeden Bürger lebenswichtig. So eindeutig insofern Bedingung 1 erfüllt ist, so eindeutig ist jedoch Bedingung 2, wie die Realität nicht nur in unserer Gesellschaft zeigt, nicht erfüllt. Die Gesellschaft benötigt den Staat offensichtlich nicht, um ausreichende und vielfältige Nahrungsmittel für die Bürger verfügbar zu machen.

Beispiel 3. Darf der Staat Nahrungsmittel und sonstige Konsumgüter, die unter Umständen deutliche Gefahren für Leben und Gesundheit der Bürger bergen können, seiner Kontrolle unterwerfen und bei einem negativen Ergebnis dieser Kontrolle verbieten? Ich meine ja. Natürlich ist hier Bedingung 1 erfüllt. Aber auch Bedingung 2 ist aus folgendem Grund erfüllt. Es ist zwar im Prinzip möglich, dass der freie Markt als solcher oder auch privat engagierte Kontrolleure die Qualität bzw. Gefahrlosigkeit von Konsumgütern prüfen. Zu welchen Katastophen bei den Konsumenten aber kann es bereits gekommen sein, bevor ein eindeutig negatives Ergebnis der breiten Öffentlichkeit bekannt wird? Wenn in einer modernen Großgesellschaft jeder alles Mögliche ohne Weiteres auf dem freien Markt anbieten kann, werden auch immer wieder Betrüger – heute auf diesem und morgen auf jenem Gebiet – ihre gefahrträchtigen Produkte zum Schaden der Verbraucher jedenfalls vorübergehend mit Erfolg verkaufen.

Beispiel 4. Darf der Staat verhindern, dass es auf bestimmten Unternehmenssektoren Monopole gibt, die die Preise nach Belieben manipulieren können? Ich meine ja. Auch hier sind die beiden Bedingungen jedenfalls dann erfüllt, wenn auf dem betreffenden Sektor Güter produziert werden, die für alle oder zumindest für einige Bürger lebensnotwendig sind.

Beispiel 5. Darf der Staat die sogenannte Kultur dadurch fördern, dass er Theater, Opernhäuser, Museen, Freizeitparks, Festspiele, Filmproduktionen und eine Vielzahl ähnlicher Einrichtungen und Projekte unterhält, veranstaltet oder finanziell fördert? Ich meine nein. Schon Bedingung 1 ist hier im Regelfall jedenfalls nicht erfüllt. Die von unserem Staat geförderten Bayreuther Festspiele etwa liegen weder im Interesse aller noch im fundamentalen Interesse einiger Bürger. Oft wird zur Verteidigung derartiger staatlicher Projekte gesagt, «die Kultur» und damit ihre Förderung liege doch fraglos im Interesse «der Gesellschaft». Die Gesellschaft aber ist nicht mehr und nicht weniger als die Summe ihrer Bürger. Und ob auch nur die Mehrheit der Bürger wirklich an der sogenannten Kultur interessiert ist, ist mehr als zweifelhaft.

Doch selbst wenn dies der Fall sein sollte: «Die Kultur» besteht aus einer enormen Vielzahl völlig unterschiedlicher Bereiche und Produkte. Und jedes dieser verschiedenen Produkte können im Prinzip jene Individuen privatwirtschaftlich unterhalten, veranstalten und fördern, die an speziell diesem Produkt interessiert sind. Oft wird gesagt, wenn der Staat etwa die Bayreuther Festspiele nicht fördere, könne es diese gar nicht geben. Doch dies ist ein offensichtlicher Denkfehler. Richtig ist vielmehr: Ohne staatliche Unterstützung «der Kultur» würde jeder wirklich interessierte Bürger mit dem gesparten Steuergeld genau jene und nur jene «Kultur» unterstützen, an der er selber auch interessiert ist. Warum sollte ein Wagnerianer nicht bereit sein, für seine Bayreuther Eintrittskarte das Doppelte zu bezahlen, wenn er dafür sicher sein kann, mit seinem Steuergeld nicht auch zeitgenössische Ballettaufführungen unterstützen zu müssen, die ihm ästhetisch zuwider sind? Hinzu kommt: Die rein privaten Kulturinstitutionen (wie Theater) werden durch die staatlich geförderten Institutionen, mit denen sie wegen deren Förderung kaum konkurrieren können, auf eine unfaire Weise vom Markt verdrängt!

Mit anderen Worten: Bedingung 2 ist mit Sicherheit hier nicht erfüllt. Zwar – das mag richtig sein – würde die kulturelle Landschaft ohne die Einmischung des Staates nicht in jeder Hinsicht dieselbe bleiben. Doch warum wäre das schlimm? Wäre es denn nicht besser, wenn jeder Bürger mit seinem Geld genau die «Kultur» organisieren oder fördern könnte, die für *ihn* unverzichtbar oder jedenfalls wichtig ist? Wieso werden in unserer Gesellschaft zwar sämtliche unverzichtbaren materiellen Nahrungsmittel privatwirtschaftlich hergestellt und vermarktet, zahlreiche der nicht annähernd so unverzichtbaren geistigen Nahrungsmittel aber staatlich?

Beispiel 6. Darf der Staat dem freien Arbeitsmarkt gewisse Rahmenbedingungen vorgeben? Ich meine ja. Es liegt im offenkundigen Interesse der Bürger, dass etwa mit hoher Gesundheitsgefahr verbundene Arbeit oder gar Kinderarbeit nicht stattfindet. Insofern ist Bedingung 1 gewiss erfüllt. Aber auch Bedingung 2 ist zweifellos erfüllt, weil sich gewiss nicht *jeder* Unternehmer freiwillig solchen Beschränkungen unterwerfen würde. (Zur Frage nach der Zulässigkeit eines Mindestlohns siehe bereits oben, S. 54.)

Beispiel 7. Darf der Staat sich in eine beliebige Anzahl von Gliedstaaten (wie Bundesländer) zerteilen – Gliedstaaten, die mit jeweils eigenständigen Gesetzgebungs-, Regierungs- und Rechtsprechungsorganen ausgestattet sind? Ich meine nein. Zwar nehmen die Gliedstaaten auch solche staatlichen Aufgaben wahr, die privatwirtschaftlich nicht zu bewältigen sind, und erfüllen insofern Bedingung 2. Doch könnte ein Zentralstaat diese Aufgaben – wie die Unterhaltung eines wirksamen Schulsystems – nicht ebensogut wahrnehmen? Und läge dies nicht insofern im Interesse der Bürger, als es für diese mit weniger Kosten verbunden wäre? Doch selbst wenn die politischen Zielvorstellungen in einigen Staatsgebieten – wie vielleicht in Schleswig-Holstein und Bayern – so stark differieren, dass Bedingung 1 als erfüllt gelten kann: Ist es wirklich nachvollziehbar, dass ein Land wie Deutschland sich in sechzehn verschiedene Bundesländer gliedert, in denen tausende von Abgeordneten sich auf Kosten des Steuerzahlers mit Gehältern versorgen, die die meisten von ihnen in der Privatwirtschaft nie erzielen würden?

Beispiel 8. Darf der Staat die Wirtschaft bzw. einen Zweig der Wirtschaft durch Maßnahmen wie die sogenannte Abwrackprämie für Autos fördern? Ich meine nein. Solche Maßnahmen mögen zwar dem betreffenden Wirtschaftszweig und seinen Arbeitnehmern jedenfalls vorübergehend nützen. Sie erfüllen jedoch in keiner Weise Bedingung 1, da der Staat die Grundsicherung ja ohnehin jedem Arbeitslosen sicherstellen muss. Und selbst dann, wenn solche Maßnahmen Bedingung 2 vielleicht insofern erfüllen, als sie ein bestimmtes Großunternehmen vor der Pleite bewahren: In einer freien Marktwirtschaft hat der Staat prinzipiell nicht das Recht, einzelne Unternehmen oder Branchen mit Steuergeldern zu unterstützen. Dies ist nicht nur eine Ausbeutung der Steuerzahler, sondern auch eine eklatante Ungerechtigkeit gegenüber jenen zahlreichen Kleinunternehmen, die jährlich ohne jede Unterstützung in die Pleite rutschen.

Die angeführten Beispiele – einige für und einige gegen ein staatliches Projekt – ließen sich in beide Richtungen noch erheblich vermehren. Dabei ist Folgendes zu bedenken: In manchen Fällen ist es kaum möglich, unter Anwendung der beiden oben von mir genannten Bedingungen zu einem eindeutigen Ergebnis zu kommen. Dies ist besonders dann der Fall, wenn zahlreiche unterschiedliche Projekte unter einem einzigen Oberbegriff zur Diskussion gestellt werden. Man denke etwa an die im allgemeinen Interesse liegende Erhaltung «alter Bausubstanz». Oder man denke an die Förderung der «Wissenschaft». Ob diese Förderung den beiden Bedingungen genügt, dürfte sowohl von der jeweiligen Art der Wissenschaft als auch davon abhängen, auf welchem

Niveau und mit welcher Zielsetzung diese Wissenschaft tatsächlich betrieben wird.

Zweifellos wird mancher Leser die beiden von mir genannten Bedingungen für ein staatliches Engagement generell zu restriktiv finden. Dann sollte er jedoch alternative Bedingungen nennen. Was ich nicht nachvollziehen kann, ist, dass der Staat das Recht haben soll, sich auf Kosten der Steuerzahler *vollkommen beliebigen* Projekten zu widmen – Projekten, die letztlich vor allem der Selbstinszenierung und Wählergewinnung der Politiker dienen. Es spricht meines Erachtens für die enorme Angepasstheit und die geringe Aufgeklärtheit unserer Bevölkerung, dass zwar niemand es hinnehmen würde, wenn sein Nachbar ihm die im Toto gewonnen 500 Euro rauben würde, um mit dem Geld seinen Garten zu verschönern, dass gleichzeitig aber offenbar niemand Probleme damit hat, wenn seine Stadtgemeinde ihm den gleichen Betrag zur Erbauung eines «Museums für moderne Kunst», das er nie zu betreten vorhat, in Form von Steuern wegnimmt. (Speziell zum Problem der staatlichen Kirchenfinanzierung in diesem Zusammenhang siehe Frerk, passim.)

2
Die Verteilung der Steuern

Die Existenz eines Staates verursacht Kosten – für das staatliche Personal ebenso wie für die Wahrnehmung der staatlichen Aufgaben. Und insoweit der Staat bei der Verursachung dieser Kosten über seine legitimen Befugnisse nicht hinausgeht, ist der Staat natürlich auch durchaus berechtigt, diese Kosten den Bürgern in Form von Steuern aufzuerlegen. Die große Frage in diesem Zusammenhang jedoch lautet: Wie hat der Staat die Steuerlasten gerechterweise auf die Bürger zu verteilen? Erst wenn man diese elementare Frage beantwortet hat, sollte man sich der weiteren Frage zuwenden, mit welchen spezifischen *Formen* der Steuer – der Einkommensteuer, der Umsatzsteuer, der Vermögensteuer usw. – man die als gerecht betrachtete Steuerverteilung in der Praxis am zweckmäßigsten umsetzt. Ich werde im Folgenden auf die Frage der Umsetzung nicht weiter eingehen, sondern die Verteilungsgerechtigkeit der Steuerlasten ausschließlich am Beispiel der Einkommensteuer erörtern. Ich setze dabei voraus, dass jeder Bürger jedenfalls über ein gewisses Einkommen verfügt.

Wie also sieht eine gerechte Verteilung der Einkommensteuer aus? Anders gefragt: In welchem Ausmaß haben sich die Bürger mit unterschiedlichem Einkommen gerechterweise an der Finanzierung des Staates zu beteiligen? Welche Eigenschaften der Bürger können für die Höhe der jeweiligen Einkommensteuer als relevant gelten? (Vgl. schon S. 30)

Rein theoretisch betrachtet könnte man vielleicht auf die Idee kommen, jeder Bürger mit einem Einkommen müsse gerechterweise *denselben* jährlichen Steuerbetrag – sagen wir, 5000 Euro – zahlen. Wenn jeder Bürger bei Wahlen etwa das Recht auf die gleiche Stimmenanzahl erhält, warum sollte dann nicht jeder Bürger mit einem Einkommen auch die Pflicht zu einer gleichen Steuerzahlung haben? Doch wenn man die Konsequenzen einer solchen Lösung für die Lebensqualität der Betroffenen bedenkt, ist es offenkundig, dass die gerechte Höhe der Einkommensteuer variabel sein und jedenfalls in irgendeiner Weise von der Höhe des Einkommens abhängen muss. Zwischen der Höhe des Einkommens und der Höhe der Steuer muss offenbar eine bestimmte Relation bestehen. Aber welche Relation? Müssen der Spitzenverdiener S und der Geringverdiener G vielleicht in gewisser Hinsicht *gleichbehandelt* werden?

Das kommt offenbar ganz darauf an, aus welcher Perspektive man hier von Gleichbehandlung sprechen will. Eine Gleichbehandlung aus der Perspektive des *Behandelnden*, also des Staates, kommt offenbar nicht in Betracht. Denn dann müssten S und G ja den gleichen Betrag – also zum Beispiel 5000 Euro – an Steuern zahlen, so dass der Staat von beiden in gleichem Maße finanziert würde. Diese Lösung aber haben wir bereits verworfen.

Etwas ganz anderes ist jedoch eine Gleichbehandlung aus der Perspektive des *Behandelten*, also des Bürgers. Denn aus der Perspektive von S und G kann eine Gleichbehandlung sicher nicht darin bestehen, beiden Personen denselben Geldbetrag zu entziehen; denn dieser Geldbetrag hat für sie infolge ihres unterschiedlich hohen Einkommens unter normalen Umständen offensichtlich einen ganz unterschiedlich hohen Wert: Während G sich von im Lotto gewonnenen 5000 Euro vielleicht ein gebrauchtes Auto kaufen würde, um damit einfacher seinen täglichen Arbeitsplatz erreichen zu können, würde S, der bereits einen Porsche und einen Oldtimer besitzt, sich von demselben Betrag vielleicht ein Wochenende in New York leisten.

Nicht wenige Leser würden vielleicht meinen, eine Gleichbehandlung aus der Perspektive der Bürger sei in diesem Fall nicht nur die einzig gerechte Lösung, sondern diese Lösung könne auch nur darin bestehen, dass S und G – anstatt des gleichen Steuerbetrages – den gleichen Prozentsatz von ihrem Einkommen als Steuer zahlen müssen. Wenn S und G beide etwa 30 % Steuern von ihrem jeweiligen Einkommen zahlen müssten, so seien beide dadurch auch gleich stark belastet und würden insoweit gleichbehandelt. Diese Sichtweise ist jedoch aus dem folgenden Grund fragwürdig.

Wenn bei einem Steuersatz von 30 % G von seinem Monatseinkommen in Höhe von 2000 Euro nach Steuern 1400 Euro und S von seinem Monatseinkommen in Höhe von 200 000 Euro nach Steuern 140 000 Euro übrigbehält, so werden beide zwar, rein finanziell betrachtet, gleich stark belastet. Denn beide zahlen ja für jeden verdienten Euro 0,30 Euro Steuern, also denselben Geldbetrag. Die Tatsache, dass S mehr als G verdient und insofern unter dem Strich mehr Steuern als G zu zahlen hat, ändert daran nichts. Warum sollen S und G durch die Steuer aber unbedingt *finanziell* gleich stark belastet werden? Wäre es nicht gerechter, wenn sie, was ihre *Lebensqualität* betrifft, gleich stark belastet werden?

Sowohl Arme wie Reiche (jeweils im relativen Sinn des Wortes) profitieren ja von der Existenz des Staates – und zwar vor allem, was ihre Sicherheit von Leben, Leib und Eigentum, also ihre Grundrechte angeht. Dabei profitieren Arme und Reiche, aufs Ganze gesehen, wohl etwa in gleichem Maße. Zwar werden viele Reiche, was die Sicherheit ihres Eigentums betrifft, vom Schutz des Staates vermutlich mehr profitieren als die Armen, die wenig Eigentum besitzen. Doch ebenso werden nicht wenige Arme, was die Sicherheit von Leben und Leib ihrer Familien betrifft, vom Schutz des Staates insofern mehr profitieren als die Reichen, als sie größere Familien als diese haben. Außerdem profitieren die Armen generell, was ihre Sicherheit betrifft, insofern vom Staat mehr als die Reichen, als ihnen die Möglichkeit fehlt, private Sicherheitsdienste zu engagieren. Eine mögliche, mit der Höhe des Einkommens verbundene Progression des Steuersatzes (der prozentualen Steuerbelastung) dürfte sich nach alledem mit der Begründung eines mit dem Einkommen kontinuierlich ansteigenden, mit der Existenz des Staates einhergehenden Nutzens kaum rechtfertigen lassen.

Anders sieht die Sache mit der Steuerprogression jedoch dann aus, wenn man wie folgt argumentiert: Wenn alle Bürger, was ihre Lebensqualität, ihr Wohlergehen betrifft, etwa gleichermaßen von der Existenz des Staates profitieren, dann sollten auch alle Bürger, was ihre Lebensqualität betrifft, möglichst gleichermaßen an den notwendigen Lasten des Staates beteiligt werden. Mit anderen Worten: In demselben Maße, in dem der Staat durch seine Ausgaben die Lebensqualität eines jeden seiner Bürger fördert oder erhöht, sollte er auch zur Finanzierung seiner Existenz die Lebensqualität eines jeden seiner Bürger belasten oder senken.

Es ist nämlich nicht zu erkennen, inwiefern der Staat, der gegenüber dem Naturzustand für alle Bürger – alles in allem, unter dem Strich – von Vorteil ist, für sie in *unterschiedlichem Maße* von Vorteil sein sollte. Der Staat sollte deshalb für alle Bürger – alles in allem, unter dem Strich – gleichermaßen von Vorteil sein (vgl. S. 32 f.). Und das bedeutet: Sofern der Nutzen, also die *positiven* Auswirkungen des Staates, tatsächlich für alle, soweit erkennbar, gleich sind, sollte ebenfalls der Schaden, also die *negativen* Auswirkungen des Staates, in Form der Steuern so gestaltet bzw. verteilt werden, dass auch sie für alle, soweit erkennbar, gleich sind.

Das aber bedeutet: Der eigentliche, primäre Maßstab für die Steuerbelastung jedes Bürgers ist nicht etwa sein hinzunehmender Verlust an Geld, sondern sein hinzunehmender Verlust an Lebensqualität – an Möglichkeit zur Selbstverwirklichung, Glück und Wohlergehen. Die Höhe einer gerechten Steuerbelastung des Bürgers hängt deshalb nur indirekt von der Höhe seines Verlustes an Geld ab, insofern der Geldverlust zwar seine Lebensqualität mindert, aber, wie wir sehen werden, in unterschiedlichem Maße. Die gerechte Verteilung der für den Staat erforderlichen Steuern ist, so gesehen, unmittelbar abhängig von dem Maße, in dem diese Steuern die Lebensqualität des einzelnen Bürgers mindern. Und da der Staat grundsätzlich, wie oben angenommen, allen Bürgern in gleichem Maße nützt, sind die Steuerlasten gerechterweise so zu verteilen, dass sie grundsätzlich die Lebensqualität aller Bürger – gleichgültig, ob arm oder reich – auch in gleichem Maße mindern.

Sofern diese These der Verteilungsgerechtigkeit überzeugend ist, bietet sie gleichzeitig ein definitives Argument nicht etwa für eine lineare (durchgängig an einem bestimmten Prozentsatz orientierte), sondern für eine progressive (mit der Höhe des Einkommens prozentual wachsende) Form der Steuer, und zwar aus folgendem Grund:

Angenommen, der berühmte Pianist P verdient pro Konzert 20 000 Euro. P hat die Möglichkeit, im laufenden Jahr bis zu fünfzig Konzerte zu geben und so 1 000 000 Euro zu verdienen. Wenn P mit einem linearen Satz von, sagen wir, 30 % besteuert wird, verbleiben ihm so pro Konzert 14 000 Euro bzw. bei fünfzig Konzerten 700 000 Euro. Was spricht unter dem Gesichtspunkt der Gerechtigkeit gegen diese lineare Besteuerung? Nun, zunächst scheint *für* diese Besteuerung zu sprechen, dass P ja pro Konzert und Honorar finanziell genau gleich stark belastet wird. Wie aber sieht es aus, wenn wir auf die *entscheidende* Belastung, nämlich auf die Belastung für die Lebensqualität von P, abstellen?

Angenommen, P hat in diesem Jahr bereits fünf Konzerte absolviert und überlegt, ob er noch weitere Konzerte planen soll. Die fundamentalen Lebensbedürfnisse (wie Nahrung, Kleidung und Unterkunft) für ein Jahr kann P für sich und seine Familie mit den bereits netto verdienten 70 000 Euro ohne Weiteres befriedigen. Er hat jedoch noch weitere Interessen und mögliche Ziele. So zieht er in Erwägung, mit späteren Konzerthonoraren 1. sich einen neuen Porsche zu kaufen, 2. sein Haus zu renovieren, 3. sich außerdem einen Oldtimer zu kaufen und 4. eine längere Weltreise zu machen. Da diese seine Interessen bzw. Präferenzen jedoch von Ziel 1 bis 4 kontinuierlich an Stärke abnehmen, ist er noch unentschieden, wie viele weitere Konzerte er sich im Laufe des Jahres noch zumuten soll. Mit Sicherheit ist ihm der Oldtimer weniger wichtig als der neue Porsche und die Hausrenovierung wichtiger als die Weltreise. Am allerwichtigsten ist ihm jedoch das Honorar für seine ersten fünf Konzerte, ohne das er seinen Lebensunterhalt ja nicht bestreiten könnte.

Womit wir es hier zu tun haben, ist der sogenannte abnehmende Grenznutzen steigenden Geldbesitzes – ein abnehmender Grenznutzen, von dem die zunehmende Lebensqualität des Normalbürgers in aller Regel bestimmt wird. Das soll heißen: Jede *zusätzliche* Geldeinheit (egal, ob diese Einheit etwa 10 Euro,

100 Euro oder 100 000 Euro beträgt), die jemand erlangt, hat für ihn bzw. seine Lebensqualität einen geringeren Nutzen oder Wert als jede gleiche, ihm bereits verfügbare Geldeinheit. So bedeutet beispielsweise ein Anstieg des monatlichen Gehalts um 2000 Euro, der von 3000 Euro auf 5000 Euro erfolgt, den allermeisten Menschen deutlich mehr als ein Anstieg, der von 5000 Euro auf 7000 Euro erfolgt – ganz zu schweigen von einem Anstieg von 20 000 Euro auf 22 000 Euro. Und der zweite Lottogewinn von einer Million würde für kaum jemanden von demselben Wert sein wie der erste Gewinn von einer Million – es sei denn in einem Ausnahmefall, in dem der Betreffende schon vor seinem ersten Gewinn etwa nur das eine Ziel hatte, sich eine Zweimillionen teure Finca auf Mallorca zu kaufen.

Wenn dies aber richtig ist, spricht alles dafür, für ein höheres Einkommen nicht nur eine im Ergebnis höhere Steuer als für ein niedrigeres Einkommen festzusetzen (was ja bereits ein linearer Steuersatz bewirkt), sondern ein höheres Einkommen prinzipiell auch progressiv mit einem höheren Steuersatz zu belegen, so dass für ein doppelt so hohes Einkommen unter Umständen 40 % anstatt nur 30 % Steuern anfallen. Diese Konsequenz ergibt sich, wenn man 1., wie oben vertreten, die angemessene Beitragshöhe der Bürger zur Staatsfinanzierung primär gerade nicht an dem Maß ihres Einkommens, sondern an dem Maß ihrer Lebensqualität festmacht und wenn man 2. der These vom abnehmenden Grenznutzen des ansteigenden Einkommens für die Lebensqualität zustimmt. Denn dann darf gerechterweise der Geringverdiener G nicht prozentual gleich stark wie der Spitzenverdiener S besteuert werden, da diese Besteuerung G im Ergebnis mehr Lebensqualität nimmt als S.

Der stetig *abnehmende Grenznutzen* einer linear besteuerten Einkommenszunahme ist identisch mit einem stetig *ansteigenden Grenzschaden* einer linear besteuerten Einkommensabnahme: Wenn G von seinem Jahreseinkommen von 30 000 Euro 20 %, also 6000 Euro Steuern zahlt, steht er, was die Minderung seiner Lebensqualität durch diese Steuerzahlung angeht, deutlich schlechter da als S, der von seinem Jahreseinkommen von 3 Millionen Euro 20 %, also 600 000 Euro Steuern zahlt. Genau deshalb muss gerechterweise der Steuersatz für S prozentual angehoben bzw. für G prozentual gesenkt werden, so dass beide für die Existenz des Staates, der beider Lebensqualität ja gleichermaßen dient, auch eine gleiche Einbuße an Lebensqualität in Kauf nehmen müssen.

Natürlich ist es nicht möglich, das genaue Maß zu benennen, in dem der Grenzschaden eines abnehmenden Nettoeinkommens ansteigt. Und insofern ist es auch nicht möglich, das genaue Maß anzugeben, in welchem die Progression der Einkommensteuer gerechterweise stattzufinden hat. Das ändert aber nichts an der prinzipiellen Berechtigung einer solchen Progression. Außerdem dürften soziologische Untersuchungen die Beantwortung dieser Fragen und damit die notwendigen steuerpolitischen Entscheidungen zumindest erleichtern.

Nicht begründbar ist die gelegentlich aufgestellte Behauptung, jegliche Steuerprogression über 50 % müsse als *Verstoß* gegen die Gerechtigkeit betrachtet werden. Angenommen, ein Staat benötigt zur Finanzierung seines Personals und seiner legitimen Aufgaben einen Betrag, der identisch ist mit der Summe, die eine lineare Einkommensteuer von 50 % für alle Bürger ergeben würde. Sollte es unter diesen Umständen tatsächlich gerecht sein, dass der Geringverdiener von 20 000 Euro im Jahr und der Spitzenverdiener von 20 Millionen im Jahr mit jeweils 50 % versteuert werden? Wäre hier nicht eine Steuer, die von etwa 20 % bis etwa 80 % kontinuierlich ansteigt, ungleich gerechter?

Natürlich stellt sich in diesem Zusammenhang die Frage, wie weit die Steuerprogression im äußersten Fall denn ansteigen soll. Hier kommt nämlich – neben der Gerechtigkeit – ein weiterer ethischer Gesichtspunkt ins Spiel: die Gefahr des wegfallenden

Leistungsanreizes aufseiten der Vielverdiener. Es versteht sich wohl von selbst, dass jeder Leistungsanreiz – und mit ihm sämtliche für die Gesellschaft positiven Folgen einer erbrachten Leistung – verschwindet, falls die Einkommensteuer die Marke von 100 % erreicht. An welchem Punkt der Progression aber hört der Leistungsanreiz bereits auf bzw. wird so gering, dass die negativen Folgen der Progression letzten Endes sogar den Geringverdiener treffen und insofern jedem Gerechtigkeitsargument für die Progression eine notwendige Schranke auferlegen?

Auch diese Frage lässt sich sicher nicht genau beantworten. Kaum plausibel scheint mir allerdings die Annahme zu sein, jegliche Steuerprogression schon über 50 % unterliege dem genannten Einwand. Würde etwa einer unserer Spitzenfußballer das Volk nicht mehr begeistern wollen, wenn er von seinem Jahreseinkommen von 10 Millionen Euro sogar bis zu 80 % Steuern zahlen müsste? Das halte ich für wenig wahrscheinlich.

Ein weiteres Argument, das an dieser Stelle oft ins Spiel gebracht wird, lautet, jede relativ extreme Besteuerung führe zur Abwanderung der Spitzenverdiener ins Ausland und damit zu einem Verlust für die eigene Volkswirtschaft. Dieses pragmatische Argument ist gewiss nicht abwegig und unter den gegebenen Umständen im politischen Entscheidungsprozess auch zu berücksichtigen. Es betrifft aber nicht die eigentliche, grundsätzliche Frage der Gerechtigkeit und ist insofern, philosophisch betrachtet, irrelevant.

Handelt es sich bei der Steuerprogression, wie oft gesagt wird, um eine Form von Umverteilung? Nicht wirklich. Von einer Umverteilung würde ich nur dann sprechen, wenn eine Reichensteuer eigens zu dem Zweck erhoben wird, die Kluft zwischen Arm und Reich zu verringern. Diese Sachlage ist jedoch dann nicht gegeben, wenn es allein darum geht, die ohnehin unvermeidlichen Steuerlasten auf alle Bürger *gerecht zu verteilen*. Es ist *eine* Sache, ob ich meinem ärmeren Nachbarn ein Geldgeschenk mache – wozu ich in keiner Weise verpflichtet bin. Und es ist eine *andere* Sache, ob ich mich an der Finanzierung einer im beiderseitigen Interesse liegenden neuen Grenzmauer, für die wir uns gemeinsam entschieden haben, fairerweise stärker als er beteilige.

Dass die Reichen nicht verpflichtet sind, von dem aufgrund ihrer erbrachten Leistung auf dem freien Markt verdienten Geld das Los der weniger Reichen zu verbessern, heißt nicht, dass sie für den im allseitigen Interesse liegenden Staat nicht mit Recht durchaus stärker zur Kasse gebeten werden. Während das Ziel der Umverteilung, konsequent verfolgt, nur eine vollkommen egalitäre Gesellschaft sein kann, in der selbst die Unterschiede innerhalb der Mittelschicht auszugleichen sind, geht es bei einer gerechten Steuerverteilung vielmehr darum, dass die Bürger im Prinzip steuerlich so belastet werden, dass ihre jeweilige Lebensqualität durch die Steuerlast zwar in gleichem Maß gesenkt wird, dass sie damit aber keineswegs auf die gleiche Ebene gebracht wird.

3
Zusammenfassung

Wer die in den Kapiteln II und IV vorgestellten Normen der Gerechtigkeit für begründet hält, wird kaum leugnen können, dass zur wirksamen Durchsetzung dieser Normen die Existenz eines Staates erforderlich ist. Doch die Funktion des Staates erschöpft sich offenbar nicht in der Umsetzung der Gerechtigkeit. Das kann andererseits aber nicht heißen, dass der Staat sich beliebigen Aufgaben widmen und beliebige Projekte verfolgen darf. Dass er dies legitimerweise *nicht* darf, ergibt sich daraus, dass er alles, was er unternimmt, mit den Steuergeldern seiner Bürger finanziert. Um eine unzulässige Ausbeutung der Bürger durch den Staat zu verhindern, muss die Verfassung eines Staates deshalb begründete Kriterien dafür aufstellen, welchen Tätigkeiten der Staat sich auf

Kosten seiner Bürger widmen darf. Die von mir oben (S. 116) vorgeschlagenen Kriterien sind bei zahlreichen Aktivitäten des derzeitigen deutschen Staates sicher nicht erfüllt.

Ein Kernproblem staatlicher Gerechtigkeit ist ohne Zweifel die Verteilung der Steuern. Wenn man annimmt, dass der Staat prinzipiell allen Bürgern in gleichem Maß von Nutzen ist, sollte seine Finanzierung gerechterweise auch allen Bürgern von gleichem Schaden sein. Das aber bedeutet, dass die Bürger im Ergebnis nicht finanziell, sondern in Bezug auf ihre Lebensqualität gleich stark belastet werden. Das wiederum führt zu einer Form der Steuer, die an die unterschiedliche Finanzkraft der Bürger in progressiver Weise gekoppelt ist. Inwieweit unter diesem Gesichtspunkt neben der Einkommensteuer auch eine Umsatzsteuer als gerecht betrachtet werden kann, sei hier offengelassen. Immerhin belastet die Umsatzsteuer vor allem die «Armen», da diese ja ihr gesamtes Einkommen konsumieren. Jedenfalls braucht man keineswegs Verfechter einer egalitären Gesellschaft als Selbstzweck zu sein, um für eine gerechte, progressive Form der Einkommensteuer plädieren zu können.

Resümee

Eine gerechte Gesellschaft ist eine Gesellschaft, in der das Zusammenleben der Menschen in den wesentlichen Hinsichten durch gerechte Normen geregelt ist. Und gerechte Normen für das Zusammenleben der Menschen sind nicht irgendwelche absoluten, der Menschheit vorgegebenen Normen eines sogenannten Natur- oder Vernunftrechts. Es sind vielmehr solche Normen, auf die sich rational eingestellte Menschen insofern einigen können, als sie bereit sind, sich sowohl mit den Vorteilen dieser Normen für sich selbst zufriedenzugeben als auch mit den Vorteilen dieser Normen für ihre Mitmenschen (und damit den möglichen Nachteilen für sich selbst) abzufinden.

Was die individuellen Grundrechte der Menschen als Normen der Grundgerechtigkeit angeht, so ist leicht zu sehen, dass gewisse Abwehrrechte wie das Grundrecht auf Leben der genannten Bedingung sicherlich genügen. Aber auch gewisse Anspruchsrechte wie das Recht Bedürftiger auf die lebensnotwendigen Grundgüter sind bei näherer Betrachtung durchaus intersubjektiv begründet. Selbst jene «Reichen», die nicht aus Altruismus bereit sind, den unfreiwillig «Armen» zu helfen, haben insofern hierzu einen guten Grund, als sie andernfalls mit Angriffen der «Armen» auf ihr Leben bzw. Eigentum zu rechnen haben – und zwar mit Angriffen, die rational durchaus nachvollziehbar sind.

Wenn ich keinerlei Möglichkeit habe, selbst in einer wohlhabenden Gesellschaft mein Überleben zu sichern, habe ich auch keinen hinreichenden Grund, die im Prinzip begründeten Abwehrrechte meiner Mitmenschen – wie ihr Recht auf Leben und ihr Eigentumsrecht – uneingeschränkt zu respektieren. Schon an dieser Stelle zeigt sich: Die Normen der Gerechtigkeit gelten nicht absolut, sondern nur prima facie, dem ersten Anschein nach. Es sind stets Umstände möglich, unter denen eine wohlbegründete Norm der Gerechtigkeit gleichwohl aus guten Gründen nicht befolgt zu werden braucht. Dass dies so ist, ergibt sich daraus, dass die Gerechtigkeitsnormen eben nicht als absolut geltend Gegenstand unserer Erkenntnis, sondern Ergebnis eines zustimmungsfähigen Ausgleichs der wohlerwogenen Interessen der betroffenen Individuen sind.

Bei der Verteilungsgerechtigkeit geht es um den Lebensstandard, den die verschiedenen Mitglieder einer Gesellschaft haben. Die «soziale Benachteiligung» der Menschen, so wird oft gesagt, müsse ein Ende haben. Die «Kluft zwischen arm und reich» müsse verschwinden oder zumindest kleiner werden. Warum aber muss die Kluft etwa zwischen einer durchschnittlichen Fernsehjournalistin und einer Heidi Klum verschwinden oder kleiner werden? An diesem Punkt wird gesagt, jemand wie Heidi Klum habe ihre jährlichen Millioneneinkünfte in Wahrheit gar nicht verdient, da sie letztlich auf zufälligen und unverdienten Faktoren wie ihrem Aussehen beruhen würden.

Dazu ist zu sagen: Natürlich hat kein Mensch irgendetwas, das er aufgrund seiner Eigenschaften und Fähigkeiten erwirbt oder besitzt, letzten Endes «verdient». Stehen aber trotzdem einer Heidi Klum nicht jene Millionen durchaus legitimerweise zu, die Millionen ihrer Mitbürger freiwillig ausgeben, um sich an ihrem Aussehen erfreuen zu dürfen? Wenn Heidi Klum das Recht hat, über ihren Körper gleichsam als ihr Eigentum zu verfügen, dann gehört ihr doch wohl auch das Geld, das ihre Mitmenschen ihr freiwillig im Austausch dafür zahlen, dass sie ihr Eigentum auf Modeschauen und ähnlichen Veranstaltungen besichtigen dürfen.

Kurzum: Das Rawls'sche Argument, das Ziel einer prinzipiellen Gleichstellung der Menschen sei deshalb begründet, weil jene Fähigkeiten und Anstrengungen der Menschen, auf die ihre Erfolge letztlich zurückgehen, in Wahrheit willkürlich und zufällig seien, ist einfach abwegig. Es stimmt zwar, dass nicht jeder jene Freiheit, die ihm als ein Grundrecht zur Verwirklichung seiner Ziele gerechterweise zusteht, aufgrund seiner tatsächlichen Möglichkeiten auch gleichermaßen zur Verwirklichung seiner Ziele nutzen kann. Dem einen fehlt die Begabung, die es ihm ermöglichen würde, es als Berufsfußballer bis in die erste Bundesliga zu schaffen; dem anderen fehlt die Begabung, um den von ihm ersehnten Beruf eines Pianisten auch nur als Klavierlehrer ausüben zu können. Müssen alle unverdienten Nachteile deshalb aber gerechterweise ausgeglichen werden? Ja, wie *kann* man diese Nachteile in einem Beispiel wie dem letztgenannten überhaupt ausgleichen? Den gescheiterten Pianisten, der inzwischen sein Geld als gelangweilter Universitätslehrer verdient, kann man durch eine finanzielle Kompensation auch nicht glücklicher machen.

Dass mein Körper ausschließlich mir gehört und dass mir deshalb auch alles zusteht, was ich mit meinem Körper – ob als Sportler, Unternehmer oder Autor – an Geld und Ansehen erwerbe, ist *eine* Sache. Dass mir jedoch ebenso selbstverständlich all das ungemindert zustehen soll, was ich von meinen Vorfahren oder sonst jemandem entweder geerbt oder geschenkt bekommen habe, ist eine *andere* Sache. Denn diese Gewinne sind nicht nur *letztlich* ebenso unverdient wie die auf meiner Begabung beruhenden Gewinne etwa als Autor; sie sind darüber hinaus auch *insoweit* – in einem ganz unmittelbaren Sinn – unverdient, als ich körperlich wie geistig rein gar nichts in sie investiert habe: Sie beruhen in keiner Weise auf einer von mir irgendwie erbrachten Leistung.

Dies wird besonders deutlich im Fall eines mir zugefallenen Erbes an Grund und Boden. Denn selbst wenn es der Fall sein sollte, dass keiner der früheren Besitzer das betreffende Grundstück auf illegitime Weise – etwa durch Gewalt – erworben hat und mir das Grundstück schon deshalb nicht zustehen kann: Der Grund und Boden dieser Erde ist sehr begrenzt und kann deshalb legitimerweise nicht seinen Erstbesitzern und deren Erben auf alle Zeiten als exklusives Eigentum zustehen. Jeder Mensch muss fairerweise vielmehr die Möglichkeit haben, einen gleichen Anteil an der Erde bzw. den Wert dieses Anteils zu seinen Lebzeiten für seine Zwecke nutzen zu können. Der Wert eines konkreten Grundstücks muss deshalb mit dem Tod seines rechtmäßigen Besitzers prinzipiell wieder in das Gemeineigentum der Gesellschaft zurückgehen bzw. auf die Angehörigen der kommenden Generation verteilt werden.

Wer diese Auffassung nicht überzeugend findet, betrachte das folgende fiktive Beispiel: Vor einigen Jahrhunderten haben die Vorfahren von A in einem großen Wüstengebiet ein damals herrenloses Grundstück mit der einzigen Wasserquelle des Gebietes in Besitz genommen. Dann haben diese Vorfahren jenen Personen, die später in demselben Wüstengebiet Grundstücke von ähnlicher Größe in Besitz genommen hatten, im Laufe der Zeit ihre Grundstücke abgekauft und ihnen dadurch die Möglichkeit verschafft, sich von ihnen, den Eigentümern der Wasserquelle, das lebensnotwendige Wasser zu kaufen. Und seitdem haben alle Erben der Wasserquelle bis hin zu ihrem gegenwärtigen Eigentümer A ihre Mitbürger, die ohne das Wasser aus der Quelle ja nicht überleben können, zu von ihnen festgelegten Konditionen als besitzlose Arbeiter in ihren Betrieben beschäftigt.

Wer die in diesem Beispiel dargestellte ursprüngliche Entstehung sowie spätere Übertragung des Eigentums an Grund und Boden für nicht zustimmungsfähig und somit ungerecht hält, kann *generell* an der herkömmlichen Lehre vom legitimen Eigentumserwerb und Eigentumsübergang an Grund und Boden nicht länger festhalten. Er muss sich vielmehr Gedanken machen, ob nicht alle Menschen fairerweise einen Anspruch darauf erhalten sollen, einen gleichen, gleichwertigen Anteil dieser Erde bzw. dessen Wert im Verlauf ihres Lebens zu ihren Zwecken nutzen zu dürfen.

Ähnlich problematisch wie die übliche Einstellung zum Eigentum an Grund und Boden ist auch die übliche Einstellung zu Existenz und Zuständigkeit des Staates. Man geht nicht nur als selbstverständlich davon aus, dass es einen Staat geben muss und dass dieser Staat demokratisch regiert werden muss. Man nimmt als ebenso selbstverständlich an, dass dieser Staat zwar einerseits den Bürgern gegenüber die Grundrechte zu beachten hat, dass er andererseits jedoch auf Kosten der Bürger beliebige Projekte verwirklichen darf. Unsere Politiker werden gewöhnlich zwar dafür kritisiert, dass sie Fehlplanungen mit Verlusten von Millionen in die Wege leiten, nicht aber dafür, dass es sich bei diesen Fehlplanungen häufig um Projekte handelt, die gerechterweise gar nicht in die Kompetenz des Staates fallen, für die der Staat seine Bürger also selbst dann unter Verstoß gegen ihr Eigentumsrecht ausraubt, wenn sie erfolgreich abgeschlossen werden.

Dabei ist zu bedenken, dass das Risiko der Fehlplanung eines Projektes normalerweise seitens eines Politikers ungleich größer ist als seitens eines privaten Unternehmers. Denn während Letzterer die negativen Folgen eines gescheiterten Projektes selber zu tragen hat, kann der Politiker sich mit bloßen Ausreden jeder Verantwortung entziehen. Was immer ein Politiker auf Kosten der Bürger in die Wege leitet: Ist es erfolgreich, so hat er mit seinem Einsatz «der Gesellschaft einen großen Dienst erwiesen»; ist es erfolglos, so verdankt sich dies «unvorhersehbaren, unglücklichen Umständen».

Ist es nach alledem nicht unverzichtbar, dass eine freiheitliche Staatsverfassung klare Kriterien dafür benennt, welcher Art Projekte es denn sind, die überhaupt in die Zuständigkeit des Staates fallen? Ein Staat, der für beliebige Projekte das Geld seiner Bürger ausgeben darf, kann doch wohl kaum ein gerechter Staat sein, dem die Bürger vernünftigerweise zustimmen werden.

Und ebensowenig gerecht kann ein Staat sein, der nicht über ein klares Konzept verfügt, nach welchem Kriterium jene

Steuern, die der Staat für seine legitimen Projekte von den Bürgern verlangen kann, auf die einzelnen Bürger bzw. Gruppen von Bürgern zu verteilen sind. Es ist wenig sinnvoll, ein kompliziertes Steuersystem mit ganz unterschiedlichen Formen der Steuer zu entwerfen, ohne eine Zielvorstellung davon zu haben, in welchem *Ausmaß* die verschiedenen Gruppen von Bürgern von diesem Steuersystem gerechterweise betroffen sein sollen.

Jede Steuer stellt für den Bürger eine Belastung, einen Nachteil dar. Wenn es aber richtig ist, dass alle Bürger von dem Staat – von seiner Existenz und seinen Maßnahmen – im Prinzip etwa gleich stark hinsichtlich ihrer Lebensqualität (ihres Wohlergehens und Glücks) profitieren, dann sollten doch auch alle Bürger zur Begleichung der unvermeidlichen staatlichen Kosten etwa gleich stark an Lebensqualität verlieren oder Schaden leiden. Und das bedeutet: Eine gerechte Besteuerung muss im Ansatz nicht auf den *finanziellen* Verlust der Bürger, sondern auf ihren Verlust an *Lebensqualität* abstellen.

Man betrachte folgendes Beispiel. Die einhundert Bewohner einer kleinen Insel haben entschieden, zu ihrer Sicherheit, die für jeden der Bewohner gleichermaßen wichtig ist, einen Deich um die Insel zu errichten. In welcher Form sollen die Lasten des Deichbaues auf die verschiedenen Bewohner, die aus Männern, Frauen, Kindern und Greisen von unterschiedlicher Gesundheit und Körperkraft bestehen, gerechterweise verteilt werden? Ähnlich wie im Fall der Steuerbelastung sind prinzipiell drei Verteilungsformen denkbar (vgl. S. 123 ff.). 1. Jeder der einhundert Bewohner muss einen hundertsten Teil des Deiches bauen. 2. Jeder Bewohner muss die gleiche Menge an Arbeitszeit in den Bau investieren. 3. Jeder Bewohner muss sich in der Weise an dem Bau beteiligen und so viel Zeit investieren, dass er im Ergebnis das gleiche Maß an Anstrengung und Energie für den Bau aufwendet, dass er also durch das gleichermaßen im allseitigen Interesse lie-

gende Projekt – ähnlich wie im Fall der progressiven Besteuerung – auch gleich stark belastet wird.

Man bedenke: Für das Modell 1 wird wohl niemand ernsthaft
als gerecht plädieren wollen. Anders als nach dem Modell 1 leisten aber sowohl nach dem Modell 2 als auch nach dem Modell 3
die Bewohner, von der Fertigstellung des Deiches aus betrachtet,
einen deutlich *unterschiedlich* effizienten Beitrag zu dem gemeinsamen Projekt. Während nach dem Modell 2 jedoch die gleich zu
verteilende Belastung in beliebiger Weise allein an den Faktor
«Zeit» gebunden wird, stellt das Modell 3 auf das eigentliche Ziel
gerechter Verteilung – den gleichen Schaden zum Ausgleich für
den gleichen Nutzen – ab. Dass die von jedem der ja sehr unterschiedlich arbeitsfähigen Bewohner gerechterweise zu verlan-
gende Form und Dauer der Beteiligung nicht ohne weitere Überlegungen und mit absoluter Präzision zu ermitteln sind, ändert an
diesem Ergebnis nichts.

Auch der finanzielle Verlust bzw. die finanzielle Belastung bei
der Besteuerung ist kein Selbstzweck, sondern lediglich ein Mittel zu einem tiefer liegenden Zweck: Da «Arme» und «Reiche» in
gleichem Maße durch den Staat an Lebensqualität gewinnen,
müssen «Arme» und «Reiche» auch für den Staat in *gleichem*
Maße an Lebensqualität verlieren (wobei für jeden Bürger, damit
der Staat überhaupt in seiner Existenz gerechtfertigt sein kann,
der Gewinn natürlich größer als der Verlust sein muss). Unter
dieser Voraussetzung kann im Hinblick auf die unterschiedliche
Finanzstärke der Bürger aber, wie gezeigt wurde, nur eine deutlich progressive Besteuerung des Einkommens als gerecht in Betracht kommen.

Es sei auch hier nochmal betont: Die so begründete Steuerprogression dient nicht etwa der typischen Umverteilung zum
Zwecke einer – mehr oder weniger – egalitären Gleichstellung
aller Bürger. Dass alle von der Existenz des Deiches bzw. des
Staates, was ihre Lebensqualität betrifft, gerechterweise alles in

allem in gleichem Maße profitieren sollen, bedeutet mitnichten, dass alle, was ihre Lebensqualität betrifft, gerechterweise innerhalb der Gesellschaft im umfassenden Sinn einander gleichgestellt, also auf dieselbe Stufe gestellt werden sollen. Wer – aus welchen Gründen auch immer – mehr leistet bzw. für seine Leistung sich einer größeren Nachfrage erfreut, hat in einer freien Gesellschaft auch einen legitimen Anspruch auf ein höheres Einkommen.

Die in diesem Buch vertretene Position zum Wesen einer gerechten Gesellschaft bzw. eines gerechten Staates unterscheidet sich gleich von mehreren in der gegenwärtigen Sozialphilosophie vertretenen Positionen. Sie unterscheidet sich zum einen von den beiden folgenden, relativ extremen Positionen: sowohl von der «libertären», eher selten vertretenen Position, wonach jeder Staat ethisch schlechthin ungerechtfertigt ist (so Rothbard und Hoppe), als auch von der «liberalen», häufiger vertretenen Position eines Nachtwächter- oder Minimalstaates, wonach ein legitimer Staat einzig die Funktion hat, den absoluten Schutz von Leben, Leib, Eigentum und Freiheit seiner Bürger (einschließlich der freien Übertragung eines uneingeschränkten Eigentums an Grund und Boden) zu gewährleisten (so Hayek und Nozick).

Die hier vertretene Position unterscheidet sich zum anderen aber ebenfalls von derzeit populären Positionen, wie sie im Rahmen eines über den Minimalstaat weit hinausgehenden «sozial gerechten» Staates vertreten werden (so Rawls und Gosepath). Sie lehnt insbesondere die häufig erhobenen Gerechtigkeitsforderungen nach einem Ausgleich aller genetisch sowie sozial bedingten Ungleichheiten sowohl als unbegründet als auch als unrealisierbar ab.

Nach der von mir vertretenen Auffassung besteht ein grundlegender Unterschied zwischen dem, was ein Mensch aufgrund seiner persönlichen Fähigkeiten und Leistungen – auf welche tiefer liegenden Ursachen diese auch zurückgehen mögen – erreicht hat, und dem, was ihm von anderen Menschen ohne jede eigene Gegenleistung – als Erbschaft oder Schenkung – übertragen wurde. Dabei wird dieser Unterschied besonders deutlich, wenn es um den Erwerb des Eigentums an Grund und Boden geht. Denn es ist schlechthin nicht einzusehen, warum nicht jedem Menschen an diesem so begrenzten Gut der Erde (bzw. an seinem Wert) für seine Lebenszeit im Prinzip ein gleiches Nutzungsrecht zustehen sollte (siehe auch Steinvorth, S. 123 ff.).

Und was den Staat angeht: Ich halte einerseits zwar klare Grenzen für die Zulässigkeit aller öffentlichen Projekte zum Schutz vor staatlicher Ausbeutung für unverzichtbar. Ich halte andererseits jedoch sowohl eine staatliche Grundversorgung der unfreiwillig Armen als auch eine deutlich progressive Besteuerung der Reichen für gut begründete Gebote der Gerechtigkeit.

Literaturhinweise

Die Hinweise beschränken sich auf Bücher, die in deutscher Sprache vorliegen. Von Autoren, die mehrere Bücher zu der Thematik verfasst haben, ist jeweils nur eines dieser Bücher genannt.

Aufklärung und Kritik, Sonderheft 2/1998: *Liberalismus*. Libertäre und Liberale zu gesellschaftlichen Problemen der Gegenwart.

Bergmann, Frithjof: *Die Freiheit leben*, Freiburg 2005.

Birnbacher, Dieter: *Verantwortung für zukünftige Generationen*, Stuttgart 1988.

Bolz, Norbert: *Diskurs über die Ungleichheit*. Ein Anti-Rousseau, München 2009.

Bouillon, Hardy: *Wirtschaft, Ethik und Gerechtigkeit*, Flörsheim 2010.

Buchanan, James M.: *Die Grenzen der Freiheit*. Zwischen Anarchie und Leviathan, Tübingen 2009.

Bund der Steuerzahler Deutschland e. V. (Hrsg.): *Die öffentliche Verschwendung*. 40. Schwarzbuch, Berlin 2012.

De Jouvenel, Bertrand: *Die Ethik der Umverteilung*, München 2012.

Dietrich, Frank: *Dimensionen der Verteilungsgerechtigkeit*, Stuttgart 2001.

Dworkin, Ronald: *Was ist Gleichheit?*, Frankfurt a. M. 2011.

Ebert, Thomas: *Soziale Gerechtigkeit*. Ideen, Geschichte, Kontroversen, Bonn 2010.

Ekardt, Felix: *Das Prinzip Nachhaltigkeit*. Generationengerechtigkeit und globale Gerechtigkeit, 2. Aufl., München 2010.

Felixberger, Peter: *Wie gerecht ist die Gerechtigkeit?*, Hamburg 2012.

Forst, Rainer: *Kontexte der Gerechtigkeit*. Politische Philosophie jenseits von Liberalismus und Kommunitarismus, Frankfurt a. M. 1994.

Frankenberg, Günter (Hrsg.): *Auf der Suche nach der gerechten Gesellschaft*, Frankfurt a. M. 1998.

Frerk, Carsten: *Violettbuch Kirchenfinanzen*. Wie der Staat die Kirchen finanziert, Aschaffenburg 2010.

Friedman, David D.: *Das Räderwerk der Freiheit*. Für einen radikalen Kapitalismus, Grevenbroich 2003.

Friedman, Milton: *Kapitalismus und Freiheit*, München 2004.

Gesang, Bernward: *Klimaethik*, Frankfurt a. M. 2011.

Gosepath, Stefan: *Gleiche Gerechtigkeit*. Grundlagen eines liberalen Egalitarismus, Frankfurt a. M. 2004.

Gosepath, Stefan und Lohmann, Georg (Hrsg.): *Philosophie der Menschenrechte*, Frankfurt a. M. 1998.

Hahn, Henning: *Globale Gerechtigkeit.* Eine philosophische Einführung, Frankfurt a. M. 2009.

Hayek, Friedrich A. von: *Recht, Gesetzgebung und Freiheit, Bd. 2: Die Illusion der sozialen Gerechtigkeit,* Landsberg a. L. 1996.

Heidenreich, Felix: *Theorien der Gerechtigkeit.* Eine Einführung, Opladen 2011.

Hinsch, Wilfried: *Gerechtfertigte Ungleichheiten.* Grundsätze sozialer Gerechtigkeit, Berlin 2002.

Hinsch, Wilfried (Hrsg.): *Zur Idee des politischen Liberalismus.* John Rawls in der Diskussion, Frankfurt a. M. 1997.

Höffe, Otfried: *Gerechtigkeit.* Eine philosophische Einführung, 4. Aufl., München 2010.

Höffe, Otfried (Hrsg.): *John Rawls – Eine Theorie der Gerechtigkeit,* 2. Aufl., Berlin 2006.

Höffe, Otfried (Hrsg.): *Über John Rawls' Theorie der Gerechtigkeit,* Frankfurt a. M. 1977.

Hoerster, Norbert: *Was ist Recht?* Grundlagen der Rechtsphilosophie, 2. Aufl., München 2012.

Honneth, Axel (Hrsg.): *Kommunitarismus.* Eine Debatte über die moralischen Grundlagen moderner Gesellschaften, Frankfurt a. M. 1993.

Hoppe, Hans-Hermann: *Eigentum, Anarchie und Staat.* Studien zur Theorie des Kapitalismus, Opladen 1987.

Horn, Christoph und Scarano, Nico (Hrsg.): *Philosophie der Gerechtigkeit.* Texte von der Antike bis zur Gegenwart, Frankfurt a. M. 2002.

Kelsen, Hans: *Was ist Gerechtigkeit?,* Stuttgart 2000.

Kersting, Wolfgang: *Kritik der Gleichheit.* Über die Grenzen der Gerechtigkeit und der Moral, Weilerswist 2005.

Kley, Roland: *Vertragstheorien der Gerechtigkeit.* Eine philosophische Kritik der Theorien von John Rawls, Robert Nozick und James Buchanan, Bern 1989.

Kliemt, Hartmut: *Zustimmungstheorien der Staatsrechtfertigung,* Freiburg/ München 1980.

Koller, Peter: *Neue Theorien des Sozialkontrakts,* Berlin 1987.

Krebs, Angelika: *Arbeit und Liebe.* Die philosophischen Grundlagen sozialer Gerechtigkeit, Frankfurt a. M. 2002.

Krebs, Angelika (Hrsg.): *Gleichheit oder Gerechtigkeit.* Texte der neuen Egalitarismuskritik, Frankfurt a. M. 2000.

Kymlicka, Will: *Politische Philosophie heute.* Eine Einführung, Frankfurt a. M. 1997.

Ladwig, Bernd: *Gerechtigkeitstheorien zur Einführung,* Hamburg 2011.

Locke, John: *Zwei Abhandlungen über die Regierung* (hrsg. von Walter Euchner), Frankfurt a. M. 1977.

Meyer, Lukas H.: *Historische Gerechtigkeit,* Berlin 2005.

Michel, Heiner: *Warum Gleichheit?* Eine Kritik des liberalen Egalitarismus, Frankfurt a. M. 2011.

Miller, David: *Grundsätze sozialer Gerechtigkeit,* Frankfurt a. M. 2008.

Nagel, Thomas: *Eine Abhandlung über Gleichheit und Parteilichkeit und andere Schriften zur politischen Philosophie*, Paderborn 1994.

Nozick, Robert: *Anarchie, Staat, Utopia*, München 2006.

Nussbaum, Martha C.: *Die Grenzen der Gerechtigkeit.* Behinderung, Nationalität und Spezieszugehörigkeit, Berlin 2010.

Oppacher, Andreas: *Deutschland und das Skandinavische Modell.* Der Sozialstaat als Wohlstandsmotor, Köln 2010.

Pauer-Studer, Herlinde: *Autonom leben.* Reflexionen über Freiheit und Gleichheit, Frankfurt a. M. 2000.

Pfannkuche, Walter: *Wer verdient schon, was er verdient?* Fünf Gespräche über Markt und Moral, Stuttgart 2003.

Rawls, John: *Eine Theorie der Gerechtigkeit*, Frankfurt a. M. 1975.

Rees, John: *Soziale Gleichheit.* Anspruch und Wirklichkeit eines politischen Begriffs, Frankfurt a. M. 1974.

Rippe, Klaus Peter: *Ethik in der Wirtschaft*, Paderborn 2010.

Rothbard, Murray N.: *Die Ethik der Freiheit*, Sankt Augustin 1999.

Sandel, Michael J.: *Gerechtigkeit.* Wie wir das Richtige tun, Berlin 2013.

Schmidt, Johannes: *Gerechtigkeit, Wohlfahrt und Rationalität.* Axiomatische und entscheidungstheoretische Fundierungen von Verteilungsprinzipien, Freiburg/München 1991.

Schramme, Thomas: *Gerechtigkeit und soziale Praxis*, Frankfurt a. M. 2006.

Sen, Amartya: *Die Idee der Gerechtigkeit*, München 2010.

Shklar, Judith N.: *Über Ungerechtigkeit.* Erkundungen zu einem moralischen Gefühl, Frankfurt a. M. 1997.

Steinvorth, Ulrich: *Gleiche Freiheit.* Politische Philosophie und Verteilungsgerechtigkeit, Berlin 1999.

Stiglitz, Joseph: *Der Preis der Ungleichheit.* Wie die Spaltung der Gesellschaft unsere Zukunft bedroht, München 2012.

Tremmel, Jörg: *Eine Theorie der Generationengerechtigkeit*, Münster 2012.

Walzer, Michael: *Sphären der Gerechtigkeit.* Ein Plädoyer für Pluralität und Gleichheit, Frankfurt a. M. 1992.

Wehler, Hans-Ulrich: *Die neue Umverteilung.* Soziale Ungleichheit in Deutschland, München 2013.

Weitner, Thomas: *Menschenrechte, besondere Pflichten und globale Gerechtigkeit*, Münster 2013.

Wilkinson, Richard und Pickett, Kate: *Gleichheit ist Glück.* Warum gerechte Gesellschaften für alle besser sind, Berlin 2009.